COURSE

DE BALE A BIENNE

PAR LES VALLÉES DU JURA

En voyageant en Suisse, le peintre trouve à chaque pas un tableau, le poëte une imagé & le Philosophe une réflexion.

AVEC UNE CARTE DE LA ROUTE

À BALE

CHEZ CH. AUG. SERINI LIBRAIRE

1789.

Chapelle et Ruines du Chateau de Forburg.

À L'HERMITE DE LA SOLITUDE
D'ARLESHEIM

Quand jadis tes aïeux du fond de leurs châteaux
Courraient la lance au poing et par monts et par vaux,
De leurs vassaux tremblans rançonnaient les Familles,
Pillaient les voiageurs et ravissoient les Filles;
Étoient ils des héros? Non —— je ne vois en eux
Que les Fléaux d'un Siècle obscur et malheureux:
Mais quand je t'appercois, aimable anachorète,
Dans ce riant vallon qu'embellit ta retraite
Rassembler prés de toi le peuple des hameaux,
Par des jeux innocens alléger ses traveaux,
Chasser les noirs Soucis dont il paroit la proie,
Sourire à ses plaisirs, t'égaier de sa joie,
Mon ame te bénit —— et de tes fiers aïeux
Détestant les hauts faits et les titres pompeux,
J'ai raison de te dire, en opposant vos rôles;
„Ils affligeaient la terre, et toi —— tu la consoles.„

Des erreurs du jeune age aisément revenu,
Conduit par la sagesse aux pieds de la vertu,
Dàns tes jardins rivaux des jardins d'Angleterre
Chaque jour je te vois pensif et solitaire,
Sur le tendre intérêt qu'inspire le malheur
Au nom de l'infortune interroger ton coeur:
Voir le bien et le faire est ton plus cher Systéme,
Et qui fait des heureux doit étre heureux lui même.
Que je plains ces mortels qui d'eux mêmes épris,
Sauf l'art de s'encenser n'ont jamais rien appris,
Et vils adorateurs de la plus vile idole
Du moderne égoisme ont fréquenté l'école!
Tant qu'ils n'ouvriront pas leur ame aux malheureux,
Jamais un jour de paix ne brillera pour eux:
Faire jouir autrui, c'est jouir pour le sage;
Et l'on double un plaisir alors qu'on le partage.

Au fond de tes jardins n'aguères un désert
Qu'ont orné le génie et le gout de concert,
Entouré de fraicheur et d'ombre et de Silence,
À lui même rendu ton coeur médite et pense:
Amant de la nature, épris de ses beautés,
Jaloux de ses attraits que tu n'as point gatés,
Avec ces lieux charmans ton ame sympathise;
Ton nom même, ton nom par eux s'immortalise.
Quand je viens visiter ton champêtre séjour,

Combien j'aime à te voir au déclin d'un beau jour
La satisfaction sur le visage peinte,
De tes nombreux sentiers suivre le labyrinthe,
Te plaire en ton ouvrage, et parcourir des yeux
De tes plans contrastés l'effet délicieux!

Si j'accours aujourdhui dans ton simple hermitage,
Ce volume à la main, t'en présenter l'hommage,
Ce n'est point que je vienne avec un front menteur
Prés de toi m'abaisser au rôle de flatteur:
Mais si né libre et franc, j'ai sans vouloir rien feindre,
Rappelé son devoir à qui cherche à l'enfreindre;
Si de l'humanité j'ai deffendu les droits,
Et du foible au plus fort fait parvenir la voix;
Reçois de cet écrit le tribut légitime;
Le vrai fut toujours fait pour qui l'aime et l'estime:
Et si le ciel un jour — Mais laissons l'avenir;
Le présent doit suffire à qui sait s'en servir.

Dans les détours secrets de tes vastes bocages,
O qu'il m'est doux d'errer! là, sous d'épais ombrages
Je m'assieds de moi même ou d'un livre occupé:
Ici portant mes pas vers le lac de Tempé,
Je vais en méditant quelque Idylle Helvétique
Chercher la solitude en ton châlet rustique.
Prés de ce monument que tu viens de finir,
Où du Chantre d'Abel régne le Souvenir,

J'écoute en opposant la copie au modele
Les bergers du Limmath et les pasteurs d'Estelle;
Je cherche, helas envain! ces naifs chalumaux
Qui l'autre jour encore enchantaient nos hameaux,
Et pour me les montrer loin de l'oeil des profanes
De Gessner au tombeau j'ose évoquer les Manes:
Puis sur cette esplanade, où le bon villageois,
Rencontrant par tes soins tous les jeux à la fois,
Se livre au doux penchant d'une gaité facile,
Je vais de ses plaisirs contemplateur tranquille,
Plus prés de la nature observer par mes yeux,
À combien peu de frais l'homme simple est joyeux.

Mais c'est dans cette Grotte où j'admire en silence
L'emblême de la mort et de la renaissance,
Que souvent je viendrai devant la vérité
Déposer un vain masque à l'erreur emprunté,
Et du monde oublier ce mobile prestige
Qui tantôt nous enchante et tantôt nous afflige:
Sous cette double arcade impénétrable au jour
Que la mélancolie a pris pour son séjour,
Je veux m'étudier, m'approfondir moi même,
D'un recueillement pur gouter le bien suprême,
M'asscoir à tes cotés dans tes sages loisirs,
Célébrer la vertu, chanter les vrais plaisirs
Dont par le souvenir comme par l'espérance

Cette immortelle amie embellit l'existence,
Et d'aprés toi me dire, en y levant les yeux;
„ Le monde est fait pour l'homme et l'homme pour
les Cieux. „

On pourra prendre dans la déscription des jardins D'ARLESHEIM,
dont parle la premiére de CES LETTRES (depuis la page 21. à la
page 33.) l'idée du local nécessaire à l'intelligence de cette épitre.

COURSE

DE

BALE A BIENNE

PAR LES VALLÉES DU JURA.

LETTRE PREMIERE.

IL n'eſt aucune des ſept portes de *Bâle*, qui offre tant & de ſi beaux ſouvenirs pour l'hiſtoire nationale, que la porte qui mène dans *l'Evêché* : à peine le voyageur a-t-il fait quelques centaines de pas, qu'on peut lui dire, — „ regardez cette „ plaine à gauche ; c'eſt celle de *Saint Jaques*, „ les Thermopyles Helvétiques, où 1200 de „ nos ancêtres périrent honorablement en vou- „ lant faire reculer 50000 Français (*) — remar-

(*) Près de cette place fameuſe qui attend encore un

A

,, quez cette colline à droite que couronne une
,, petite églife, c'eft *Sainte Marguerite*; là,
,, quand on vint lui annoncer fon élection à
,, l'Empire, campait *Rodolph de Hapsbourg* oc-
,, cupé au fiége de *Bâle*, qui ouvrit fur le champ
,, à fon empereur, les portes qu'elle fermait à
,, fon ennemi. — Découvrez-vous dans le fond
,, ce vieux château placé à mi-côte de la mon-
,, tagne? c'eft *Dornach*, au pied duquel les *Suif-*
,, *fes* terminerent le XV°. fiécle par la dernière
,, victoire remportée fur leur terre natale, pour
,, affurer leur indépendance. — Voyez-vous
,, cette forèt près du chemin? c'eft là que dans
,, cette même *guerre de Souabe*, une poignée de
,, *Bernois* & de *Soleurois* fortit victorieufe d'une
,, embufcade que lui avait dreffé un ennemi
,, fix fois plus nombreux". Après les bords du
lac de *Lucerne*, il n'eft aucune contrée dans les
treize Cantons, à laquelle puiffe auffi bien s'appliquer ce mot de *Cicéron* entrant dans Athènes,
Quocunque ingredimur, in aliquam biftoriam vef-
tigiam ponimus.

---

monument, croit un vin rouge connu fous le nom de
fang Suiffe : tout bon *Bâlois* en va boire une fois l'année, en mémoire des fcènes du tems paffé; c'eft du
même vin que fe remplit à la Société d'*Olten*, la coupe
de la *Confraternité Helvétique*, & les jeunes citoyens
de *Bâle* qui forment la *compagnie Franche* vont chaque printemps manœuvrer fur ce champ de bataille,
au milieu de ces nobles fouvenirs fi propres à infpirer
le courage & l'amour de la patrie.

A mefure qu'on avance, on voit s'étendre un
riant amphithéatre de plaines, de collines & de
montagnes cultivées ou boifées, foit dans la
Suiffe en de-çà du Rhin, foit au-delà de ce fleuve, dans l'ancien comté de *Rœthelen* qui fait
maintenant partie du Margraviat de *Baden*; &
l'œil s'arrête & fe repofe avec plaifir fur les
pentes vertes du *Jura* & de la *Forêt noire*, fur
les bourgs & les villages dont elles font parfe-
mées, & fur quelques-uns des quatorze châteaux
fubfiftants ou ruinés dont *Bâle* eft environné de
l'Orient au midi (*). Cette ville au centre de tous
ces anciens forts, dont le plus éloigné n'eft pas
à trois lieues de fes portes, comme ferrée par
cette ceinture de la tyrannie féodale, eut depuis le XIIe fiècle au XVI, une lutte bien pénible à foutenir contre les poffeffeurs des grands
& petits fiefs de fon voifinage, qui faifoient à
tout moment des courfes jufques fous fes murs:
en la tenant perpétuellement en haleine, ces
ennemis de la liberté procurèrent la fienne,
lui frayèrent l'entrée dans la *confédération Helvétique*, & femblaient devoir la rendre plutôt
une place de guerre qu'une ville de commerce;
mais une longue paix, l'avantage de fa fituation, & l'induftrie de fes habitans, ont fait
oublier ces tems de trouble & de carnage:

(*) Ces châteaux font *Schaunbourg*, *Prattelen*, les 3
Vartbergs, *Munchenftein*, *Reichenftein*, *Birfech*, *Dor-
nach*, *Pfeffingen*, *Angenftein*, *Berenfels*, *Landfcron* &
Fürftenftein.

maintènant elle regarde avec sécurité ces tours
jadis remplies d'ennemis sans cesse renaissants,
qu'elle ne voyait qu'avec inquiétude : cependant, si son génie eût été alors autant tourné
vers les conquêtes, qu'il s'est porté dans la suite
vers les sciences & les arts de la paix, il n'eut
tenu qu'à elle d'agrandir considérablement son
territoire, l'un des plus petits d'entre les républiques *Suisses*; elle eut profité du succès de ses
armes vers la fin de l'anarchie féodale, & gardé
les terres dont elle s'était emparée le long du
Rhin, dans l'*Alface* & le *Sundtgau* en 1449 après
la guerre de *Rhinfelden* : mais peut-être sa prudente modération est-elle plus à louer, que la
belliqueuse avidité de plusieurs cantons, qui ne
doivent une partie de leur supériorité territoriale
qu'à des démembremens dont, comme par-tout
ailleurs, la prescription de plusieurs siécles ou le
droit du plus fort garantissent seuls la possession.

Les sept bailliages qui forment le domaine de
Bâle, ne sont presque autre chose que la réu-
nion de diverses terres hypothèquées pour des
sommes prêtées aux Evèques & aux Seigneurs
voisins, qui n'ayant point été dégagées, reste-
rent entre les mains des créanciers : il en est
de même de plusieurs parties de la *Suisse* qui
appartiennent à leurs possesseurs actuels, moins
à titre de propriété qu'à titre d'engagement :
heurcusement qu'après une aussi longue possef-
sion il n'est point de répétitions à craindre. Les
chartres des anciens propriétaires n'existent plus;
leurs familles sont pour la plupart éteintes; on

ne fauroit même où trouver les héritiers de cette
foule de Comtes, de Barons & de Chevaliers
dont les noms furchargent nos vieilles chroniques: — mais ce ferait une queftion affez fingulière que d'examiner, (prefcription à part)
comme on en agirait avec un homme, qui muni
des piéces originales viendrait répéter quelqu'u-
ne de ces hypothèques, en offrant felon la teneur de l'acte d'engagement, la fomme prêtée:
redemanderait-on le capital avec tous les intérèts accumulés depuis trois ou quatre fiécles?
mais cette prétention ferait injufte, parce que
la jouiffance du domaine tient lieu à l'engagifte
des intérêts de l'argent avancé: ce qu'on pourrait raifonnablement prétendre, ce ferait la fomme prêtée dans la proportion de l'augmentation
de valeur du numéraire; or comme ce prix eft
au moins fix fois plus haut que dans le tems
où l'hypothèque fut acceptée, la juftice exige-
rait que le capital offert fut proportionné à la
hauffe du fond qui le repréfente pour le créan-
cier. (*)

On peut encore attribuer l'accroiffement des
grands Cantons de la *Suiffe*, à leur pofition ref-

_____

(*) Les plus habiles calculateurs prétendent que 16
livres fous *François Premier* équivalent à 80 livres de
ñôtre tems, ou ce qui revient au même, qu'avec 100
livres on ne pourrait acheter que la cinquieme partie
du bled qu'on aurait eu alors pour la même fomme:
or la plupart des hypothèques dont nous parlons, font
antérieures à ce régne.

pective ; fi *Berne*, *Zurich*, *Fribourg* avaient été
fitués là où font *Undervald* & *Appenzel*, ils n'auraient probablement pas pu s'étendre davantage; mais placés au milieu d'une foule de fiefs
grands & petits, ils ont habilement profité des
circonftances. La tyrannie atroce des nobles
engagea plus d'une fois leurs fujets, à fe jetter
entre les bras des Républiques, dans l'efpoir
d'un gouvernement plus doux; & on ne peut
fe diffimuler, en lifant notre hiftoire, que tel
de ces Seigneurs aurait expiré de nos jours fur
la roue, s'il eut fait feulement la moitié des
horreurs, qu'il commettait alors impunément.
Dans cette longue anarchie féodale, on ne trouve que parjure, brigandage & cruauté : nulle
bonne action, nulle vertu ne légitimait une
puiffance fondée fur le fang, confervée par le
meurtre & augmentée par le pillage. Heureufes
alors les Républiques belliqueufes, qui offrant
plus d'ordre & de fûreté dans leurs murs, fe
trouvaient fur une telle frontiére : fi la nobleffe
expofa fouvent fa vie, ce ne fut que pour fon
intérèt particulier, ou pour celui des Suzerains
qui la protégeaient, mais jamais pour fes fujets
à tout moment vexés, dépouillés, emprifonnés
ou égorgés (*).

(*) Cette nobleffe ne refpectait pas plus les liens de
la nature, que ceux de la fociété : nos annales nous
montrent en 1172 un comte de *Toggembourg* qui précipite fa femme du haut de fon château; en 1227, un
feigneur du même nom qui affaffine fon frere; en

Ce n'eſt point comme républicain que j'écris
ceci; c'eſt comme homme..... Et n'eſt-il pas
temps que la vérité élève enfin ſa voix, pour
plaider la cauſe du peuple au tribunal de l'humanité & de la raiſon. Malheur à tout écrivain
qui prend la plume pour défendre ſervilement
la nobleſſe héréditaire, & par conſéquent le
deſpotiſme & l'oppreſſion. Malédiction à qui
cherche par ſes écrits à faire regretter l'ancien
règime féodal. S'il eut vécu dans ces ſiècles infortunés, on peut conclure qu'un tel homme
aurait été, ſelon les circonſtances, ou le premier des tyrans ou le dernier des eſclaves. ―
Graces au Ciel, je ne reçois & n'ambitionne
ni penſion, ni titre d'aucune république, ni
d'aucun prince; voilà pourquoi ma main eſt
libre d'écrire ce que mon cœur croit utile au
bien général. ― Si j'aime notre belle nature j'aime
encore plus ceux qui l'habitent; quand on voyage & qu'on obſerve, la tranſition de l'une aux
autres ſe fait ſans qu'on y penſe : mais qu'on
ne craigne point de moi la licence d'un écrivain qui ſe dit *libre* dans l'acception moderne
de ce mot. Dieu me préſerve d'attaquer jamais
la religion, les loix & les mœurs : je ne ferai

1332, un comte de *Hapsbourg Kibourg* qui répéte le
même attentat; en 1373, un baron de *Thourn*, qui
poignarde de ſa propre main ſon oncle *Guiſcard* Évêque de Sion &c. &c. Jugez par ces traits qu'il ſerait
facile d'accumuler du triſte ſort des ſujets de pareils
maîtres.

point de ma plume, une arme deſtructive de
l'ordre & de la vertu; mais elle défendra les
droits de l'homme contre l'homme, elle récla-
mera contre les préjugés de la naiſſance & du
pouvoir arbitraire, elle cherchera à conſerver
ou plutôt à renouveller ces belles & antiques
formes du gouvernement Patriarchal & républicain, que dès le premier âge du monde, la nature imprima aux ſociétés naiſſantes.

Après cette digreſſion utile à l'intelligence de
ces lettres & de l'eſprit qui a dicté les réflexions
qui ſervent de cadre à leur partie deſcriptive &
hiſtorique, continuons notre voyage : mais ne
quittons pas les environs de *Bâle* ſans parler
d'un ſite délicieux, à l'endroit où la *Byrſe* verſe
une partie de ſes eaux dans un canal bien néceſſaire aux forges & aux papéteries Bâloiſes. —
Là, un monticule boiſé, recélé dans ſon centre
une cabane tapiſſée de mouſſe, où la méditation
ſe plait à réſider, où la rêverie ſe replie ſur
elle même au murmure des eaux qui entourent
cette ſolitude, où les plus doux ſouvenirs ra-
menent le cœur vers les ſcènes fugitives de ce
premier âge de la vie que la nature & l'amitié
embelliſſent des plaiſirs de l'innocence, où la
contemplation d'un avenir dont l'eſpérance ſou-
leve le voile devant la vertu, élève l'ame profondément émue bien au-deſſus des lieux que
le corps habite. Quelques ſentiers contournent
cette aimable retraite de la réflexion & du recueillement & offrent tour-à-tour les eſcarpe-
mens du lit pierreux de la rivière, le canal im-

pénétrable au foleil, qu'un de fes bras remplit,
les bouillonnemens d'une cafcade que la nature
réclame fur l'art qui la fait naître, une ferme
ifolée de l'autre côté de l'eau & le penchant
couvert de hêtres & de fapins des dernieres
collines du *Jura*.

Après avoir paflé le pont de la *Byrfe*, on arrive
à *Munchenftein*, village jadis entouré de murs que
protége un antique château, très-important comme tant d'autres avant l'invention de la poudre :
c'eft maintenant la réfidence paifible d'un baillif
Bâlois, qui voit de fes fenêtres une charmante
contrée, les tours de fa métropole & une partie de fon petit gouvernement compofé de fept
villages. Ce bailliage, dont le fol eft affez fertile,
renferme des agriculteurs laborieux, économes
& par conféquent plus à leur aife que la plupart
des payfans des bailliages fupérieurs : on y
trouve plufieurs reftes d'antiquités, qui annoncent le féjour ou le paffage des *Romains*, dont
l'aigle belliqueufe ne fut arrêtée dans fon vol
ni par les *Alpes*, ni par le *Jura*.

Cette feigneurie, qu'un mariage tranfporta
en 1130 de la maifon d'*Hapsbourg* dans celle
de *Ferrette*, retourna par l'extinction de cette
dernière, 200 ans après, à la maifon d'*Autriche*;
les nobles de *Mönch* la tinrent en fief fous l'une
& l'autre maifon. Mais en 1479 ils l'engagerent
en hypothèque perpétuelle à la ville de *Bâle*, qui
n'en fut en poffeffion plénière qu'en 1517, par
la ceffion que l'Empereur *Maximilien* fit après
bien des difficultés de fes droits de fuzeraine-

té, & par l'entier défiftement des trois frères
Mönch de Lövenberg, écrafés de dettes, qu'ils
ne purent liquider que par l'aliénation de leurs
domaines.

Cette famille qui a joué jadis un rôle bien
turbulent, foit dans la ville de *Bâle* dont elle avait
la bourgeoifie, foit dans les châteaux des environs, était fort nombreufe & partagée en plufieurs branches maintenant éteintes. Deux chevaliers de la branche de *Landfcron* ont eu une
mort trop fingulière pour ne pas en parler : — le
premier fe trouvant en 1346, dans l'armée de
Philippe de Valois, fut choifi par *Jean*, Roi de
Bohême, prince aveugle & malheureux, pour
lui fervir de guide dans la bataille de *Crécy*,
où il avait réfolu de finir fa carrière infortunée;
ils font attacher enfemble les brides de leurs
chevaux, & s'élançant au milieu de la mêlée,
ils y périffent l'un & l'autre. *Tfchudi* raconte
que le roi de *Bohême* fachant que ce Mönch
avait pris honteufement la fuite 7 ans aupara-
vant à la bataille de *Laupen*, le choifit à deffein
de le punir de cette lâcheté : le moine de *Vin-
therthour*, dit au contraire dans fa chronique,
que ce fut en confidération de fa force & de
fon courage, que le vieux roi lui demanda
inftamment de le conduire dans la mêlée : l'hif-
torien *Froiffart*, coutumier de donner une traduction française à tous les noms étrangers qui
en font fufceptibles, parle du même gentil homme qu'il appelle le *Moine de Bâle*. — Le fecond,
Bourcard Mönch de Landfcron, ennemi mortel des

cantons, qui avait guidé l'armée du *Dauphin* vers *Bâle* en 1444, fe promenait à cheval fur le champ de bataille de *St. Jaques* couvert de fang & de cadavres, & dans les tranfports d'une joie barbare, il s'écriait, *je me baigne parmi des rofes*, quand un *fuiffe* expirant, ranimé par cette infulte, faifit un caillou, le lui lance à la tempe & le renverfe à fes côtés. Une chronique poftérieure de quelques années à la mort de ce *Mönch*, prétend qu'il fut tué par *Arnold Schik* capitaine des 40 hommes que le Canton d'*Uri* avait parmi les 1200 Suiffes qui périrent dans ce combat : voyez les détails de cette mémorable journée dans les *Mêlanges Helvétique de* 1782 *à* 1786, pages 27 & fuiv.

De *Munchenftein*, on paffe bientôt fur les terres de l'*Evêché de Bâle*, que nous allons parcourir jufqu'à *Bienne* : ici le gouvernement change avec les opinions religieufes : la mitre & la croffe font fubftituées aux deux cent républicain, & les croix élevées fur la frontière annoncent *Rome* & fon culte.

Une vieille tour, refte du vafte château de *Reichenftein*, renverfé par le grand tremblement de terre de 1356, couronne à gauche une colline fupérieure au grand chemin : on ne fait, fi ce château a donné fon nom à la famille *Reich de Reichenftein*, ou s'il en a reçu le fien, puifque dès 1267, un Evêque de ce nom en remit la garde-noble à un de fes parens *Matthieu de Reichenftein*. Ce fief eft refté jufqu'à nos jours entre les mains de fes defcendans qui fe divi-

fent en trois branches, dont les terres font en
Alface & dans l'*Evêché* : on trouve auffi en 1283
un Rodolph de *Reichenftein*, abbé de *Difentis*,
fameux dans les annales du pays *Grifon*.

Ces débris vénérables qui ramènent au XIme
fiècle, méritent d'être vifités, foit pour l'impofante beauté de leur maffe, foit pour le fuperbe
payfage dont on jouit à leur pied. Il n'en eft
point dans ce pays de plus vafte & de plus
riant ; c'eft la ville de *Bâle*, les plaines de la
haute *Alface* jufqu'aux *Vofges*, les replis majeftueux du *Rhin*, une dégradation fucceffive de
teintes & d'objets dans un horifon de plus de
20 lieues..... Mais que le voyageur y monte
lui-mème & qu'il en juge. Je ne fais quelle
mélancolique émotion s'empare de l'ame à l'afpect de ces ruines qui femblent braver les efforts
de la deftruction : on oppofe ces décombres
lugubres à la gaîté des floriffantes campagnes
qu'ils dominent ; on regarde l'agriculteur paifible travaillant fans crainte là où fon trifayeul
frémiffait de paffer : on voit le lierre & la verdure couvrir cette place d'armes fi fouvent teinte de fang ; le calme & le filence revendiquer
ces lieux que leur difputèrent fi longtems les
cris de la vengeance ou de l'oppreffion, & le
niveau de la nature reprendre peu-à-peu fes
droits imprefcriptibles fur les ouvrages de l'homme : on fe repréfente les anciens maîtres de ce
noble manoir, obfervant avec rage à travers
fes étroits crenaux, la liberté s'établir dans *Bâle*
fous leurs yeux, comme pour les braver, &

courant aux armes pour en arrêter les progrès;
on se rappelle avec quel charme sentimental
Delille décrit dans son poëme des *Jardins*,

Ces débris, cette mâle & triste architecture,
Qu'environne une fraîche & riante verdure,
Ces angles, ces glacis, ces vieux restes de tours
Où l'oiseau couve en paix le fruit de ses amours,
Et ces troupeaux peuplants ces enceintes guerrières
Et l'enfant qui se joue où combattaient ses pères.

C'est à regret qu'on s'arrache à cette foule
de souvenirs, d'images & de réflexions, qu'une
belle ruine fait naître dans toute ame qui se
plaît à recueillir ses sensations, pour descendre
entre le château de *Birseck* & des rocs bizarre-
ment groupés jusqu'au bourg d'*Arlesheim* où
plusieurs objets méritent l'attention du politique
& de l'amateur.

L'église de *Bâle* en doit la possession à la bienfaisance pieuse de l'Empereur Henri III. Mais ce lieu
n'est devenu considérable que depuis que le *Haut
Chapitre de l'Evêché* y a établi sa résidence. Ayant
quitté lors de la réformation avec une précipitation peu raisonnée la ville de *Bâle* qui ne son-
geait point à les chasser, les chanoines se retirèrent à *Fribourg en Brisgau*, où pendant un
siècle & demi ils ont fait leur demeure; mais
l'éloignement de leur Evêque, & surtout la difficulté de percevoir leur revenus dans les fréquentes & longues guerres entre l'*Autriche* & la
France, les déterminèrent à rentrer chez eux

en 1677, après la prife de *Fribourg* par les François; & ils choifirent *Arlesheim* comme le lieu le plus à la portée des divers diftricts de l'*Alface* & du *Margraviat de Baden* dont ils pof-fèdent les dixmes : bientôt on y bâtit une églife cathédrale qui fait front à une place bordée des deux côtés de belles maifons pour les chanoines.

Ce *grand Chapitre* participe à la fouverain*té du pays, puifque l'Evèque ne peut rien faire d'important fans fes avis & fon approbation; compofé avant la réformation de vingt-quatre Chanoines, il n'en a plus que dix-huit depuis cette époque : les places vacantes par mort ou démiffion volontaire, font dans les mois impairs felon leur ordre numérique à la nomination du *Pape*, & dans les mois pairs à celle du *Chapitre*; c'eft auffi ce dernier qui fait l'élection de l'Evè-que toujours pris entre fes membres en préfence d'un *commiffaire Impérial*: par le droit de l'Em-pereur connu fous le nom de *premieres prieres*, il nomme au premier canonicat vacant après fon avénement à l'Empire, comme dans tous les autres chapitres *Germaniques*.

Pour entrer dans ce chapitre, il faut être ou de nobleffe *Chapitrable*, ou docteur en Théo-logie gradué foit à *Rome*, foit dans une univer-fité allemande : ces derniers ne peuvent être que cinq, & font quelquefois moins : les uns & les autres doivent être *Allemands*; les *Alfa-ciens* & les *Suiffes* font regardés comme tels : les gentils-hommes font tenus à prouver leurs

feize quartiers fous le ferment de deux cavaliers *chapitrables* : les docteurs en Théologie
doivent conftater leur defcendance depuis trois
générations de parens qui n'ayent été ni artifans ni cabaretiers : ils ont les mêmes droits &
prérogatives que les chanoines nobles ; mais dès
longtems ils ne font parvenus ni à la dignité
d'*Evêque* ni à celle de *grand Prévot* ; la réfidence eft de neuf mois par année, foit à *Arlesheim*,
foit à *Porentru*. Un gentil homme peut avoir
un canonicat affuré depuis l'âge de treize ans,
mais il n'entre en poffeffion de fes revenus &
de fa place au chœur qu'à vingt-quatre. Rarement
le chapitre peut être complet à caufe des jeunes
expectans ; la nobleffe *Alfacienne* en poffeffion
depuis bien des fiècles d'y placer fes enfans,
eft fort jaloufe de ce beau fleuron de la couronne eccléfiaftique.

Parmi les chanoines, il y a fix grands digni-
taires. Le *grand Prévot* élu par le chapitre eft
richement renté : le *grand Doyen*, qui bien que
le fecond en rang, convoque & préfide le chapitre, infpecte les mœurs & juge fommairement
des affaires litigieufes qui concernent les chanoines, chapelains & gens attachés à leur fervice ; il eft élu par le chapitre : le *grand Chantre*, le *grand Archi-diacre* & le *grand Cuftode*
font nommés par l'Evêque ; ce dernier garde
le grand fceau du Chapitre. Le grand *Ecolâtre*
eft à la nomination alternative de l'Evêque &
du chapitre : outre cela le feptieme chanoine
en rang a toujours de droit l'office de *grand Cel-*

lerier, c'eft-à-dire la furintendance des revenus du Chapitre.

Le bas chœur, qui avant la réformation était de 80 chapelaïns n'en a plus maintenant que 8 & autant d'enfans de chœur, auxquels il faut joindre deux chantres & deux furnuméraires. L'Eglife eft fort fimple; fes peintures ne font pas des chefs-d'œuvres, mais fes orgues font très-bonnes & très-bien touchées : fon tréfor n'eft pas fort riche; la plupart des vafes facrés font reftés à *Bâle*, quand les chanoines défertè-rent fi imprudemment leur cathédrale, qu'il ne leur eu peut-être pas été fort difficile de con-ferver, comme bien d'autres chapitres d'*Allema-gne* qui fe font maintenus dans des villes réfor-mées.

Par fa fituation, fes environs & fes *jardins anglais* dont nous parlerons bientôt, *Arlesheim* eft un féjour agréable; on y eft tout à la fois en ville & à la campagne, & pour un homme de lettres, pour un amateur de la belle nature, pour quiconque fe plaît dans les devoirs de fon état & fait paffer du chœur à fa bibliothéque en hyver & à la promenade en été, un cano-nicat pareil fuffit, fur-tout quand l'âge des paf-fions a fini, pour donner une exiftence heureufe & paifible.

Le bourg eft au pied d'une colline, où s'élè-ve le château de *Byrfech*, qui doit fervir de réfidence au Baillif du bailliage de ce nom : l'accès n'en eft pas aifé, mais la vue en eft va-riée & fort étendue. Ce bailliage comme tous

les

les autres de l'*Evêché* est à vie par le fait; quoique par le droit chaque nouvel Evèque soit libre de changer les baillifs que son prédéceffeur
a établis; mais il fe borne à les confirmer. Ces
charges également honorables & lucratives fe
perpétuent quelques fois de père en fils dans la
même famille. Les fujets y gagnent dans un
fens, parce que c'eft toujours à leurs dépends
qu'un nouveau baillif acquiert de l'expérience :
à peine au bout des fix ans de régence que lui
affignent la plupart des *Cantons*, connaît-il les
loix, les ufages & les divers détails de fon gouvernement, & il faut qu'il le remette à un fucceffeur, précifément au moment qu'il pourrait
être le plus utile. Il eft vrai que l'avantage des
bourgeois de la capitale, exige cette fréquente
circulation de tout pofte où l'on eft bien payé;
mais il n'eft fûrement pas d'accord avec le plus
grand bien du peuple qui doit être régi d'une
maniere uniforme & fuivie, incompatible avec
tous ces changemens. Outre cela les bailliages
de l'*Evêché* ne font pas confiés indifféremment
au premier venu que le fort ou le crédit défi-
gne : on a compris que naître éligible pour un
gouvernement, n'était pas favoir gouverner, &
qu'il fallait au moins légitimer au tribunal de
la raifon, les droits que donne le hafard de la
naiffance, par la connaiffance des loix du pays,
de la manière de juger, & du paéte naturel
qui lie les maîtres aux fujets. Ici tout gentilhomme qui fe deftine à ces emplois, doit avoir
étudié le droit dans quelque univerfité & fré-

quenté pendant quelques années le *conseil auli-*
que du Prince à *Porentru*, d'abord comme au-
diteur, ensuite comme rapporteur des causes qui
s'y plaident; d'où il résulte que quand il obtient
un bailliage, c'est un homme qui joint à des
principes indispensables de jurisprudence, la
connoissance des affaires, & qu'il n'est pas comme
la plupart des nouveaux baillifs sans expérience,
exposé à commettre mille bévues s'il veut se
conduire par lui-même, ou réduit à s'en rap-
porter à des subalternes qui trop souvent trouvent leur intérèt dans les fautes des supérieurs.
Il est étonnant que dans les grands cantons de
la *Suisse*, où l'on trouve quelques fois jusques à
dix différens *codes* ou *coutumiers* selon leurs divers districts, il n'y ait pas une espèce d'école
de gouvernement, où les novices puissent apprendre ce qu'ils ont besoin de savoir; alors ce
ne serait pas sans aucune préparation ou instruc-
tion préliminaire, qu'un vieux capitaine irait,
en se retirant de son régiment, gouverner une
ville de manufactures, & un négociant au sortir
de son comptoir, une peuplade de bergers ou
d'agriculteurs. Un nouvel institut qui s'élève à
Berne pour les jeunes *patriciens* sera sans doute
un remède efficace à ces inconvéniens, en tournant une partie de leurs études du côté de la
science importante du régime social: & l'éducation mâle, laborieuse & raisonnée, l'éducation vraiment *civique* des *Zuricois*, laisse bien
moins à desirer sur cet objet si essentiel au bonheur des sujets & à la gloire des maîtres, que

dans les autres métropoles marchandes ou militaires de la *Suisse*.

Du tribunal des Baillifs de l'*Evêché*, on en
appelle à *Porentru* & de là fi l'objet du procès
excéde 500 florins, à la chambre impériale de
Vetzlar ou au *conseil aulique de Vienne* : dépendance également dispendieuse & nuisible, car
par-là un prince qui se dit souverain n'est cependant pas maître chez lui; ses sujets recon-
naissent un supérieur hors de son territoire, &
perdent ainsi du respect qu'ils doivent à sa personne & à ses arrêts. Il est vrai que cet appel
n'a lieu que pour les affaires d'intérêt; car pour
les procédures criminelles, la vie moins estimée
que l'argent, surtout dans les pays qui confervent les restes des préjugés féodaux, dépend
absolument du Prince: sans aller à 100 lieues
de sa résidence, il ne peut pas faire rendre, il
est vrai, justice entière à la veuve ou à l'orphe-
lin dont la chicane conteste l'héritage, mais en
revanche, il peut appliquer à la torture, pendre ou rouer qui bon lui semble.

Il n'est aucun pays où les sentences d'un
procès quelconque en premiere instance coûtent
moins peut-être que dans l'*Evêché* : c'est 21
rappes, dont 9 au baillif, 9 à son lieutenant
& 3 à l'huissier. (*) Rarement même il y a
appel dans les bailliages *allemands*; la raison en

_____

(*) 21 rappes font un peu plus de 2 batz de *Suisse*,
ou de six sols de *France*.

eſt ſimple, c'eſt qu'il n'y a point d'*avocat*; tandis que dans les bailliages français qui en ont,
on en appelle fréquemment à *Porentru* & delà
encore à *Wetzlar*. — Sans le goût des procès
combien plus heureuſe ſerait une bonne partie
de la *Suiſſe* : cette funeſte maladie a réſiſté à
tous les remèdes employés juſqu'à préſent, ſoit
qu'elle naiſſe de l'ennui des longs hyvers, où
l'agriculteur & le berger déſœuvrés cherchent
à ſe diſtraire par la chicane, ſoit que le payſan
fin & délié & pour l'ordinaire à ſon aiſe, ſe faſſe
des procès un honneur & un amuſement, ſoit
enfin que la certitude de trouver pour la moindre bagatelle des avocats & des tribunaux, l'en-
courage à entrer en lice. Si l'on connaiſſait mieux
la cauſe de cette ruineuſe manie, on ſaurait
mieux auſſi quel antidote lui aſſigner : le meilleur peut-être ſerait de diminuer le nombre des
avocats, & ſur-tout de les punir, ſoit en leur
interdiſant le barreau, ſoit en les condamnant
à ſupporter une partie ou la totalité des dépends,
comme la ſage régence de *Berne* l'a fait quelques
fois, quand il eſt prouvé que c'eſt leur rapacité
qui a ſuggéré & fomenté un procès. Tout *avocat* qui ſe charge d'une méchante cauſe, devient
par le fait, le complice de la mauvaiſe foi & de
l'injuſtice de ſon client & mérite d'en partager
la peine. Un autre moyen déjà uſité dans quelques paroiſſes, ſerait que les eccléſiaſtiques chargés de l'inſtruction publique des jeunes gens de
la campagne leur inſpiraſſent l'horreur des procès, d'après les principes même de la religion

qu'ils leur enfeignent. Il faudrait auſſi que chaque paſteur, avec cette prudence aimable & éclairée qui doit les caractérifer, devenu le média-
teur des difficultés de fes payfans & l'appoin-
teur de leurs procès, ne fe borna pas à parler
de paix dans l'Egliſe, mais travailla par tous fes
foins à la faire régner entre fes paroiſſiens. *Pla-
ton* dit que *la multitude des avocats & des médecins indique un état dépravé, vu que les premiers annoncent perverfité & avarice chez les
citoyens, comme les feconds prouvent leur moleſſe
& leur intempérance; Veniſe a fubfifté trois fiécles fans avocats*, & ce n'eſt que depuis peu qu'ils
commencent à s'introduire dans les Etats démo-
cratiques de la *Suiſſe*, aſſez fages pour favoir s'en
paſſer ou n'en avoir pas befoin pendant plus de
400 ans. (*).

Arrêtons-nous encore à *Arlesheim* & avec tous
les voyageurs, parcourons les *jardins à l'angloiſe*

(*) Au lieu de célébrer par un grand repas la fête
de leur patron *St. Yves*, comme cela fe pratique dans
toute l'*Allemagne*, j'imagine que les avocats lui feraient
plus agréables, fi comme lui, ils cherchaient à éteîn-
dre les procès ou du moins à les mettre au clair, en
les débaraſſant de tous ces incidens inutiles que la
chicane & la mauvaiſe foi ont l'art de multiplier : mais
ce n'eſt pas leur intérêt. *Si Alger vivait en paix*, *Alger mourrait de faim, & il faut que chacun vive*.... La
réponſe, *je n'en vois pas la néceſſité*, faite par un
miniſtre de la cour de *France* à un *journaliſte* qui
lui tenait ce propos, me parait par trop cauſtique &
je n'ai garde de l'employer ici.

B 3

qui les y attirent; un vallon folitaire, bien boifé,
renfermant dans fon fein des rocs caverneux,
un petit ruiffeau & trois étangs donc le plus
grand peut s'appeller *lac*, était prefque inconnu
à 200 pas du bourg; un chemin le traverfait
pour gagner la montagne : ce fite heureux réveille le goût de deux amateurs, & bientôt une
foule de fentiers le découpent par leurs finuofités : les grottes font décombrées des débris entaffés par le tems; des bancs fe placent par tout
où l'ombre invite à s'affeoir, & la belle vue à
s'arrêter; tous les accidens d'une nature fiérement deffinée fous le pinceau des fiècles font
mis à profit. De petits édifices s'élévent çà & là
& portent tous par leur pofition & leur architecture un caractère différent. Ici, c'eft un hermitage folitaire, la chapelle en eft toute recouverte d'écorce; le clocher eft formé de deux
branches d'arbres qui fe croifent; derrière, eft
un vieux *Saint Henri* en bois vermoulu, niché
entre des racines en forme de colonnes torfes
dans un angle du roc; à côté ce mot de Virgile,
aërii mellis celeftia dona furmonte quelques ruches:
là, c'eft une tour ruinée bientôt recouverte de
lierre & de vigne de Canadá, ayant au-deffus de
fa porte une infcription gothique elle s'ouvre..,
c'eft un charmant fallon, appellé le *Temple de
l'amour* dont il renferme la ftatue; comme pour
apprendre que ce n'eft que dans les temps paffés
qu'il faut chercher cet amour franc & naïf dont
nos poëtes nous parlent tant, fans le connaître.--
Plus loin, c'eft une pile de bois perchée au fom-

met d'un roc, on dirait que c'eft un bucher :
il s'ouvre auffi fans qu'on s'y attende, & c'eft
un belvèdére dont la vue embraffe tout le vallon
& fes fauvages alentours; vers le fond du jardin fur le côté gauche du lac, eft un véritable
Châlet des Alpes, chargé d'infcriptions analogues :
l'intérieur ruftiquement meublé eft une falle également faite pour la mufique, la danfe & les
repas; un de fes plus finguliers ornemens eft
une *lance* qui s'eft trouvée en 1386 à la bataille
de *Sempach*; l'aigle d'Empire qu'on remarque
fur fon bois doré annonce qu'elle a appartenu
à quelqu'un des chevaliers ennemis des *Suiffes*,
qui périrent dans ce fanglant combat : tout auprès du *Châlet*, fort d'un arbre mouffeux une
fontaine vraiment digne de *l'Arcadie*; *Ovide*
n'eut pas manqué de dire, qu'il eft incertain fi
c'eft à une Driade, ou à une Nayade qu'appartient le chène qui la fait jaillir : auprès de ee bâtiment, on croit fe retrouver dans les hautes vallées des petits cantons ou de l'*Oberland.*

Les cavernes de cette nouvelle *Thébaïde* font
d'une variété peu commune : l'une fert d'abri
à une longue table, foutient une tribune taillée
dans le roc pour la mufique & préfente tout à
côté un vafte carroufel aux convives qui cherchent la digeftion : l'autre étroite & profonde
n'a autre chofe dans le fond que 1499 .... date
qui rappelle à tout *Suiffe* que vis-à-vis s'eft donnée la bataille de *Dornach* : auffi l'appelle-t-on
la *grotte du deftin* ; elle eft confacrée à la méditation de ces décrets éternels, qui fans tenir

B 4

compte du nombre des combattans & des reſ-
ſources de l'art militaire donnent la victoire à
qui leur plaît. Une troiſieme grotte biſarrement
percée, dont la partie ſupérieure communique
par un pont à l'inférieure, porte le nom d'*Ap-
pollon*, & ramène la penſée vers ces fameuſes
cavernes de *Delphes*, ſi utiles à l'impoſture pour
tromper l'ignorance à l'aide de la ſuperſtition :
une *lanterne* & un *piedeſtal* nichés dans une ca-
vité voiſine, ont donné lieu à la *Fable* ſuivante,
qui explique cet emblème épigrammatique

> Dans un des carrefours d'Athènes,
> la lanterne de Diogènes
> rencontre un jour un vaſte piedeſtal ;
> ô toi, lui dit le marbre coloſſal,
> ô toi qui toujours te promenes,
> prends un peu de repos ; cauſons quelques inſtans,
> & du jour, s'il te plait, conte-moi la nouvelle ;
> je ne le puis... *je cherche un homme*, répond-elle..
> & moi, reprit-il, *je l'attends*.

Mais il n'eſt aucune de ces diverſes grottes plus
mélancolique & plus faite pour la réflexion, que
celle qui porte pour inſcription, *plurima mor-
tis imago*.... Un autel funéraire conſacré aux
Dieux mânes ſoutient une urne ſépulchrale, fai-
blement éclairée, environnée des attributs de
la deſtruction & qui ſemble dire à celui qui la
fixe :
Chaque jour de ta vie eſt un pas vers la mort.

Une arcade baſſe & ténébreuſe conduit à une
ſeconde grotte renfermée dans la premiere ; c'eſt
la *grotte de la réſurrection*, où l'on arrive tout
naturellement de celle de *la mort* : là, ſur un
pan de rocher paraît une figure comme ſortant
du tombeau ; elle tend les bras vers une *gloire*
au haut de la voûte, dont un rayon prolongé,
vient éclairer le viſage de la ſtatue : au-deſſus
de ſa tête une clépſydre briſée que traverſe un
ſerpent, eſt le ſymbole ingénieux du tems vaincu
par l'éternité.... on s'attriſte dans la premiere
de ces cavernes ; on ſe conſole dans la ſeconde :
la certitude de la mort effraie dans celle-là, l'eſ-
poir de la renaiſſance raſſure dans celle-ci : placés dans l'étroit paſſage qui mène de l'une à
l'autre, on ſe dit en le franchiſſant, *en de-çà
tout eſt illuſion, en de-là tout eſt vérité.* C'eſt là
que l'émotion des ſens donne des penſées nobles
& relevées, qu'on peut trouver tout *Young* dans
ſon ame recueillie & qu'on n'a beſoin que de
rentrer en ſoi-même pour comparer, dans ce ſi-
lencieux & morne réduit, la vanité des ſcènes
que l'on quitte & la réalité de celles qu'on
attend. (*) Cette belle caverne a une troiſieme
partie, qui pénètre à une grande hauteur juſqu'au ſommet de la colline : un eſcalier prati-
qué dans le roc y conduit & ce n'eſt pas ſans

(*) C'eſt le chevalier *Loutherbourg* qui a déterminé
le caractère de cette grotte & donné l'idée des emblê-
mes qui la décorent.

un friffon fecret qu'on en parcourt le tortueux
dédale, emblême des viciffitudes qu'éprouve la
carrière humaine au gré de cette force fupérieure
dont *Horace* dit avec tant de précifion., *Caliginofa
noète premit Deus.* Toutes ces grottes taillées
des mains de la nature, ne font point défigurées
par la furcharge de l'art; il n'a été confulté que
pour en tirer un parti analogue à leur forme, à
leur fituation & aux différens accidens qui les
diftinguent.

Diverfes *places* ont été choifies avec goût, &
ménagées d'une manière intéreffante & variée :
fur une efplanade efcarpée & fauvage, on lit
éparfes çà & là une foule d'infcriptions morales
dans toutes les langues anciennes & modernes;
chacune de ces fentences eft conforme au génie
du peuple qu'elle rappelle; c'eft le *Temple de la
vérité* .... là l'homme n'eft du moins pas flatté,
& la raifon ne craint pas de s'y faire entendre
avec plus de févérité que de graces. Près du
châlet Suiffe eft la *place des jeux* : il faut s'y
affeoir les fêtes & dimanches de la belle faifon,
pour y voir accourir de toutes parts les payfans
du voifinage : ici, les jeunes gens jouent aux
quilles; là, les hommes faits tirent au blanc :
de ce côté garçons & filles montent & defcendent emportés alternativement par les élans
d'une longue balançoire ; de celui-là, les plus
hardis voltigent fur une rapide efcarpolette que
pouffe un bras vigoureux : plus loin un ruf-
tique violon fait fauter en cadence cette jeuneffe villageoife, qui pour mieux goûter le plai-

fir, oublie les travaux de la veille & ne penſe
pas à ceux du lendemain. Il eſt pour les habitans des campagnes tant de ſueurs pénibles,
tant de fatigues ſans ceſſe renaiſſantes, tant de
jours longs & mauvais, que l'ami de l'humanité
ne peut qu'applaudir à ces amuſemens honnètes
& publics qui les délaſſent du paſſé & les encou-
ragent pour l'avenir. Qu'il eſt doux de voir une
joie innocente briller ſur tous ces jeunes fronts,
& ranimer encore le vieillard en cheveux blancs
qui témoin de ces jeux, fait retrograder en ſou-
riant ſa penſée vers les ſouvenirs précieux de
ſon premier âge ! Moins de cabarets, plus de fè-
tes champêtres.... voilà ce qui ferait l'aiſance
& le bonheur de tant de villages, où le payſan
ne connaît d'autre paſſe tems le dimanche, que de
dépenſer le mince profit de la ſemaine, à boire
un mauvais vin, qui le rend querelleur, lui
fait mal à la tète & l'empèche de retourner le
jour ſuivant à ſon ouvrage.

. Mais que l'ami de la nature s'arrète un moment près de l'*hermitage* : ſous un ombrage épais,
un filet d'eau murmure ſur la rocaille & tombe
en fraiche caſcade ; les oiſeaux gazouillent entre les feuilles des arbres voiſins : aucune vue
éloignée ne diſtrait l'attention que tout invite
à ſe recueillir... Dans le creux d'un rocher s'arrondit une petite voûte que la mouſſe tapiſſera
bientôt & dont le lierre commence à feſtonner
les contours : là s'élève un ſimple monument
conſacré à la mémoire de *Geſſner* : ſon nom ſeul,
les Faunes & les Nymphes n'ont pas permis

qu'on y grava rien de plus, fon nom feul fuffit
pour en faire un Temple... Il n'eft plus! le
chantre harmonieux des bords du *Limmath*;
d'un bout de l'Helvétie à l'autre, les bergers
des *Alpes* & du *Jura* ont dit, il n'eft plus!... il
n'eft plus, ont répété triftement les échos des
forets de *Zurich*, accoutumés aux fons touchans
de ce chaluméau qu'il avait hérité de *Théocrite*
& de *Virgile* : mais fon fouvenir honorable &
glorieux vit dans le cœur de fes concitoyens &
de tous les fideles amis des vertus, des graces
& des mufes. Ils fe plairont à le retrouver ici,
à répéter fes chants immortels, à s'entretenir
avec fon fouvenir dans un lieu qu'il eût choifi
lui-même, s'il l'eut connu, pour y compofer une
idylle ou en faire un deffein.

Une multitude de fentiers montent, defcendent, ferpentent & fe croifent fur la colline &
dans le vallon; ils n'ont, ni la monotonie en-
nuyeufe des allées fymmétriques & fablées, ni
l'âpreté pénible des chemins rocailleux de montagne : chacun d'eux aboutit à un édifice, ou
à un point de vue, qui fait qu'on ne regrette
jamais d'en avoir parcouru les détours; çà & là
de petits ponts artiftement jettés & fufpendus
& des repofoirs placés dans des lieux que la
nature femble avoir deftiné au recueillement &
au filence frappent agréablement la vue.

On ne quittera point ces jardins, fans traverfer en bateau le petit lac de *Tempé*, fans parcourir les fentiers qui le bordent, fans donner
un coup d'œil à un *tas de charbon*, qui après

avoir trompé l'œil, lui préfente intérieurement
un joli cabinet : dans le fond du vallon, eft une
ferme fimple & champêtre, d'où l'on découvre
prefque tout le jardin & le vieux château de
Birfech qui le domine : tout auprès le ruiffeau
qui paffe de l'étang fupérieur dans le lac forme
une petite cafcade & coule fous un pont de
bois : une vieille croix penchée, annonce le poffeffeur de cet étroit domaine par ce vers :

L'ami de la nature en doit être le peintre.

C'eft effectivement un artifte déjà très-avan-
tageufement connu, qui l'habite en été & qui
entouré des fcènes variées de la plus belle créa-
tion s'occupe à les reproduire : on lui doit deux
vuës charmantes du lac de *Bienne* & de fes ifles,
deux deffeins de ces mêmes jardins que nous
décrivons, un très-beau payfage pris du pied
des ruines de *Reichenftein* : fon pinceau également vrai & délicat, fon talent marqué pour rendre les rochers & les eaux, & l'originalité de fon
caractère le mettent bien au-deffus du commun
des peintres (*).

Si l'on n'eft pas fatigué d'avoir parcouru tout
ce que nous venons de décrire, on peut pro-
longer fes courfes de deux côtés : foit en remontant le vallon jufqu'au pied du mont qui

---

(*) C'eft Mr. *Stuntz*. Il partage & le travail & le
fuccès de tous fes deffeins, avec Mr. *Hartmann* do-
micilié à *Bienne*, également ami de la nature & fait
pour en fentir & en rendre toutes les beautés.

le ferme, où l'on trouve dans un ſite des plus
ſolitaires, les reſtes d'un petit couvent dont le
nom même eſt maintenant ignoré; ſoit en franchiſſant la colline occidentale ſur le revers op-
poſé de laquelle on arrive à la belle ruine de
Reichenſtein dont nous avons déjà parlé : mais
ces deux points qui appartiennent maintenant
au *jardin* par les ſentiers qui y aboutiſſent,
quoique bien dignes de la viſite des curieux,
exigeraient une marche de près de 3 heures,
qui ne convient pas à tout le monde.

Rien de plus diverſifié que les points de vue
qui changent à chaque pas de cette promenade.
Tantôt on n'apperçoit qu'une partie du vallon;
tantôt on le découvre dans ſon entier : ici ce
ſont les vaſtes plaines de l'*Alſace*; là c'eſt un
enſemble riant de montagnes, de villages, de
châteaux; & dans la ruine qui renferme le *Temple de l'amour*, on a d'une croiſée à l'autre le
contraſte le plus frappant du ſauvage & du cultivé.

Mais nous ne quitterons point ces jardins,
ſans rendre un hommage bien dû aux amateurs,
qui les ont créés : une inſcription gravée ſur
un roc revêtu de lierre, conſerve leurs noms,
& il nous ſera permis de les répéter ici; c'eſt
madame d'*Andlau*, grande baillive de *Birſech* &
monſieur le baron de *Glereſſe*. Ils méritent la
reconnaiſſance d'une foule d'étrangers qui vont
journellement dans la belle ſaiſon admirer leur
ouvrage; les Anglais même y retrouvent le grand
caractère de leurs jardins ſi vantés, ſécondé par
des ſites plus romantiques encore que ceux de

leur ifle : & nous n'offenferons point la modef-
tie de ces amateurs en confignant ici quelques
vers laiffés dans l'hermitage par un des voyageurs qui l'ont vifité.

Dans ces vaftes jardins mon. regard enchanté.
De deux fexes rivaux a découvert les traces :
D'une femme j'y vois & le goût & les graces,
D'un homme la nobleffe & la fimplicité..
Par leurs foins réunis la nature embellie, .
Devant à l'art fon cadre & non pas fa beauté,
Flatte les yeux par la variété ,
Le cœur par la mélancolie ,
Et l'efprit par la majefté.

Hommes fenfibles ! c'eft là que je vous invite
à lire *Thompfon*, *Geffner* & *Delille* ; c'eft là que
Florian & *St. Lambert* trouveraient réunies toutes les beautés femées dans leurs ouvrages ; c'eft
là qu'entourés d'images tantôt gracieufes, tantôt févères, mais toujours nobles, fimples &
variées, le goût donne la main au génie, & l'imagination fourit à la nature ... mais il faut voir
par foi-même : une defcription fera toujours inférieure à la réalité : ce ne feront pas, il eft vrai,
les partifans des allées régulières, des arbres ton-
dus, des berceaux étouffans & humides, des
compartimens toifés qui caractérifent les *Jardins
françois*, qui fe plairont ici : ils n'y trouveront
ni buis, ni charmilles, ni parterres ; non. (*)

_____

(*) Les vers fuivants font tirés d'une piéce intitulée

* * *

Je n'y vois point la froide fymétrie
Sur une plaine étendre fon cordeau,
Pour qu'une allée exactément unie
De l'arpenteur conferve le niveau.

* * *

Je n'y vois point une main tyrannique,
Pour arrondir des berceaux réguliers,
Courber le charme en pénible portique,
Ou tourmenter de jeunes églantiers.

* * *

Je n'y vois point l'onde d'une fontaine
Quitter fes bords pour fuivre un long tuyau,
Et loin des lieux où fon penchant l'entraine
S'étendre en nappe, ou jaillir en jet-d'eau.

* * *

Mais un fentier dans ces bofquets ferpente,
Et prolongeant fes replis tortueux
Fuit & s'enfonce en deffinant la pente
Et les contours d'un côteau finueux.

Mais

---

l'*Hermitage* qui fe trouve dans les *Poëfies Helvétiennes*, page 90.

* * *

Mais le lierre & la vigne fauvage
Entrelaçant de jeunes arbriffeaux,
Sans le gêner rapprochent leur branchage,
Et l'on dirait qu'ils forment des berceaux.

* * *

Mais en fon lit le ruiffeau fans entrave
S'égare au loin dans les détours qu'il fuit,
Careffe un bord dont il n'eft point efclave,
Coule à fon aife, ou s'arrête, ou s'enfuit. (*).

N'oublions point qu'on a vu ce printems à *Arlesheim* le tableau de la cataracte du *Rhin* près de *Schaffaufen*, peint pour le Roi d'Angleterre par le chevalier *Louterbourg*; ce fameux artifte originaire de *Bâle* & qui fait un honneur infini à fa patrie, en paffant chez monfieur le baron *de Glereffe*, a expofé ce fublime morceau; il n'eft pas aifé d'en décrire tout le mérite, d'exprimer la magie de l'illufion qu'il produit, de dire avec

_____

(*) Les curieux qui fouhaiteront une defcription exactement détaillée de toutes les parties de ce jardin, pourront aifément fe procurer à *Bâle* un petit almanach, intitulé *Etrennes de la folitude romantique près d'Arlesheim* qui ne laiffe rien à défirer à cet égard; d'ailleurs monfieur le *Baron de Glereffe* toujours empreffé à y accompagner les étrangers avec une politeffe & une complaifance foutenue, fe fait un plaifir d'en donner aux voyageurs.

C

quelle énergie, quelle fraîcheur & quelle vérité,
il a rendu dans tous fes détails, cette majef-
tueufe fcène, affoiblie ou manquée par tous ceux
qui ont effayé de la peindre avant lui : on croit
entendre le bruit du fleuve, fentir l'ébranlement
de fon rivage & refpirer l'humide & tournoian-
te pouffière qui s'élève des eaux brifées dans
leur chûte : le goût le plus difficile, comme l'imagination la plus exaltée trouvent également leur
attente furpaffée en tout point, & fous ce pinceau créateur, la nature eft fi parfaitement ref-
femblante, qu'on croit voir la cataracte elle-même
répétée dans un miroir fidèle. — C'eft à tort
qu'un voyageur avait dit à la fin d'un morceau
de poëfie compofé fur les lieux mêmes, il y a
quelques années, (*)

> L'Eternel deffina ce fublime tableau,
>   Et nul mortel jamais n'en fera la copie :

Quand il a vu le morceau dont nous parlons,
honteux de cette décifion téméraire, il s'en eft
rétracté, & en a offert l'aveu à l'artifte dans
ces vers bien faibles en comparaifon & du fentiment profond qui les a dictés, & du chef-
d'œuvre qui les a fait naître.

(*) Cette piéce a été inférée dans les *Mélanges
Helvétiques* de 1782 à 1786, page 309.

En voyant le tableau de ce magique lieu,
  Où le Rhin, par fa chûte, ébranle fon rivage,
  L'œil indécis ne fait qu'admirer davantage,
'Du travail de l'artifte, ou de l'œuvre de Dieu....
  Au bruit d'un fleuve entier le talent qui s'éveille,
  Rend de ce tout fublime & la forme & l'effet;
  La nature au génie a cédé fon fecret,
  Et l'art en l'imitant a doublé la merveille.

Autant le chevalier *Louterbourg* fe diftingue par
fes talens, autant il fe fait aimer par la fûreté
& l'aménité de fon caractère : il a obtenu des
titres honorables de la maifon Royale d'Angleterre, & ce qui vaut mieux, il y jouit d'une efti-
me & d'une protection, dont il a plus d'une
fois reffenti l'influence. Le féjour de la *Suiffe* a
paru lui plaire beaucoup; indépendamment qu'elle
eft fa patrie, il n'eft aucun pays qui fourniffe
autant de fcènes dignes des pinceaux du génie;
il a fait efpérer à fes concitoyens qu'il revien-
drait peut-être s'y établir; chacun défire qu'il
tienne parole, & il eft fûrement affez raifon-
nable pour ne pas attribuer à toute une nation
qui s'honore de l'avoir pour compatriote, &
qui fait apprécier & l'homme & l'artifte, les tra-
cafferies défagréables qu'il a effuyées pendant
fon féjour fur les bords du lac de *Bienne*.
  Encore une anecdote avant de quitter *Arlesheim* : elle eft due & à la lâcheté de ces hommes parvenus qui rougiffent de leur humble
origine, & à la mémoire de celui dont la vie

va donner une leçon frappante à leur fotte vanité.

Jaques Chriftophe Haus était fils d'un payfan
de *Stein près du Rhin*, petit village du *Frikthal*:
né avec de grands talens & un goût décidé pour
l'étude, l'indigence ne put l'arracher aux mufes, & il parvint à faire fes claffes prefque en-
tiérement entretenu par de chétives aumônes :
plus inftruit, il pourvut à fa nourriture en
donnant des leçons : mais quand après avoir
fourni fa carrière académique avec des fuccès
marqués, il voulut embraffer l'état eccléfiaftique,
l'Evèque lui refufa les *ordres*, uniquement parce
que la mifère de fes parens ne put lui affigner
la faible fomme que les Canons de l'Eglife appellent le *Titre clérical* (*). Défefpéré de ce
refus, le jeune étudiant va à Rome, entre dans
la *garde-Suiffe*, & femble pour jamais exclu de
l'état auquel afpiraient tous fes vœux, lorfqu'un
heureux hafard l'y fit arriver. Un jour il fe trouve de garde dans la falle d'un Collége théolo-
gique, où l'on foutenait des thèfes ; les argu-
mens de l'oppofant déconcertent & fon antago-
nifte & le profeffeur qui préfidait à l'exercice :
honteux de leur défaite & en rougiffant pour
eux, notre *foldat* donne, à demi voix & en très-
bon latin, la folution de l'objection qui les avait

(*) On nomme ainfi les reffources que tout *Clerc*
dans certains Diocèfes doit prouver qu'il poffède pour
fournir à fes befoins, en attendant qu'il foit pourvu
d'un bénéfice.

réduits au filence ; un *Cardinal* qui fe trouvait
là, entend avec furprife un *garde-Suiffe* dire ce
qu'aurait dû dire le profeffeur : il fait part de
fa découverte au Souverain Pontife alors *Innocent XII*. qui ne tarde pas à mander *Haus* auprès de lui : le Saint Père écoute fon hiftoire
avec intérêt, & après s'être informé de fa conduite, il lui fait quitter fa hallebarde & le bau-
drier & le place dans le Collége de la *propa-
gande* : au bout d'un an, il eft examiné, reçu
docteur en Théologie & infcrit fur la lifte des
protonotaires apoftoliques. Un canonicat de la
cathédrale de *Bâle* devient vacant & fa Sainteté
le lui donne de fon propre mouvement, fans qu'il
eût fongé à le folliciter : arrivé à *Arlesheim*, *le
prince Evêque* ne tarde pas à démèler fes talens
& après avoir obtenu pour lui le titre d'Evêque
de *Domitianople*, il en fait fon Vicaire général
& fon fuffragant. Dans la fuite la cour de *Rome*,
où il était retourné plus d'une fois pour les
affaires eccléfiaftiques du Diocèfe, le nomme
grand Doyen; mais ce vertueux Chanoine fachant que cette élection dépendait du *Chapitre*,
loin de profiter de cette faveur illégale, renonce
à ce pofte honorable, & en eft bientôt après
dédommagé par la place de *grand Chantre*. Sur
la fin de fes jours il réfigne fon canonicat en
faveur d'un frere cadet qu'il avait fait entrer
dans la carrière eccléfiaftique, & qui devint auffi
dans la fuite fuffragant de l'*Evêché de Bâle*. Il
meurt enfin en 1725, âgé de 73 ans; plus illuf-
tre encore par fon favoir & fes vertus que par

fes dignités, il emporta avec lui les regrets &
la vénération de tous ceux qui l'avaient connu.
On peut voir à *Arlesheim* fon épitaphe qui contient tous les détails de fa vie; mais elle ne
fait peut-être pas autant fon éloge que la noble
franchife avec laquelle il parlait de fa baffe ex-
traction, de la pauvreté de fes parens, & des
aumônes à l'aide defquelles il avait fait fes premières études : il confervait avec foin une *écuelle*
d'argile, avec laquelle, quand il était au collége,
il allait de maifons en maifons chercher quelque
aliment dédaigné, & lorfqu'il donnait à man-
ger, ce vafe précieux était toujours apporté au
deffert, il en rappellait naïvement l'ufage, & le
rempliffant de vin, il portait la fanté des convives, & le faifait vuider à la ronde : rien ne
caractérife mieux une ame pleine d'une faine
énergie, inacceffible à cette petite vanité qui
dépare la plupart de ceux que leurs talens ont
fait parvenir, & bien perfuadée que ce n'eft pas le
hafard de la naiffance, mais la vertu qui détermine
la valeur réelle de l'homme. La notice biogra-
phique de cet eccléfiaftique peu connu & très-
digne de l'être, & fur-tout ce dernier trait,
méritaient d'être fauvés de l'oubli, dans un fiècle où les petiteffes de l'amour propre dégradent
fi fouvent le favoir & le génie.

SECONDE LETTRE.

Quoique *Arlesheim* ne foit pas directement fur la route de *Bâle à Bienne*, le détour qu'on fait en y paffant, n'eft pas confidérable, & on rejoint bientôt le grand chemin que l'on a quitté : la carte qui fe trouve à la fin de ces *lettres*, indique tous les lieux que nous allons parcourir : elle eft abfolument néceffaire à l'intelligence de cet ouvrage, & l'on peut compter fur fon exactitude. En fuivant la route ordinaire, le premier village de l'*Evêché* eft *Rheinac* : on n'y paffe point fans fe rappeller l'ancienne famille de ce nom, qui a donné fucceffivement dans ce fiècle deux Evèques au fiège de *Bâle*, l'un & l'autre font bien connus par leurs longs démêlés avec une partie de leurs fujets, terminés en faveur des maîtres, d'abord par des fentences Impériales, enfuite par les armes de la *France* en 1741, en vertu d'une alliance contractée deux ans avant avec cette couronne. — La maifon de *Rheinac* eut pour berceau un château de ce nom, dont les ruines fubfiftent encore dans le bailliage Bernois de *Lentzbourg* : dès 1112, un mariage y fit paffer la fortereffe d'*Avenftein*, fituée fur la rive gauche de l'*Aar* entre *Arau* & *Brougg*. — Deux traits de la vie de *Hermann* de

C 4

Rheinac, femblent prouver que ce chevalier était né, comme on dit, fous la plus *heureufe étoile*: très-jeune encore & venant d'époufer *Urfule de Homberg*, il alla joindre l'armée de l'archiduc *Léopold*, avec quatre autres *Rheinac*, dont l'un furtout eft très-fameux dans nos vieilles chroniques, pour être monté fur un chariot de cordes devant *Sempach*, en montrant aux habitans de cette ville l'inftrument du fupplice qui les attendait, s'ils ne fe rendaient fur le champ, & pour avoir ordonné à fes foldats de déshabiller toutes les femmes ou filles qui fe rencontraient malheureufement fur leur paffage. — Le matin de la bataille de *Sempach*, la nobleffe Autrichienne réfolut de combattre à pied, & pour pouvoir le faire, il fallut couper la pointe abaiffée de ces fouliers *à long bec* alors fort à la mode; & qui ne pouvaient fervir qu'à gens à cheval : foit mal-adreffe, foit précipitation, le jeune *Herman* ayant mal coupé fa chauffure, fe bleffa fi profondément un des doigts du pied, que la douleur lui ayant arraché des larmes, fes parens indignés le renvoyèrent durement aux équipages pour fe faire panfer. Pendant ce tems là, le combat s'engage, les quatre *Rheinac* y font tués, & lui feul échappe & perpétue la famille qui probablement fe ferait éteinte s'il eut marché à côté des autres chevaliers de fon nom, tous célibataires ou fans enfans (*). *Hermann de Rhei-*

(*) On a prétendu fans raifon que ce n'était pas à

nac revenu dans fon manoir d'*Avenſtein* , dégoûté des batailles rangées , préféra la petite guerre,
déſola tout le voiſinage & ſur-tout les grands
chemins par ſes fréquentes incurſions & fit de
ſon château un vrai repaire de brigands : après
pluſieurs avertiſſemens infructueux, les *Bernois*
réſolus à ne faire aucun quartier, viennent l'aſſiéger en 1389 ; la garniſon eſt forcée de ſe rendre à diſcrétion : la femme d'*Herman* obtient par
grace un ſauf conduit pour ſe rendre elle, ſon
fils au berceau, & ſes chambrières, juſqu'à ſon
château de *Bernau*, à quatre lieues de là : on lui
permet d'emporter ce qu'elle pourrait , & elle emporte ſon mari ſur ſes épaules. C'eſt ainſi qu'il
échappa au maſſacre que les *Bernois* firent de
toute la garniſon & à la ruine de ſon château
qui fut raſé : cette preuve de fidélité conjugale,
ſe trouve répétée pluſieurs fois dans ces ſiècles
de ſang, au ſiège de *Veinsberg*, à la priſe de
Blumenfeld (**) dans la guerre de Souabe &c. :
je ne ſais ſi les femmes de notre tems ſeraient

---

un *Rheïnac* mais à un *Eptingen* qu'arriva l'aventure
du ſoulier : il eſt vrai qu'il y périt trois nobles de cette
famille : la maiſon d'*Eptingen* eſt bourgeoiſe de Bâle :
le village de ce nom qui leur appartenait jadis eſt dans
une des vallées du bailliage de *Vallebourg*, un peu en
deſſous des ruines du château de *Wittvald*.

(**) On a fait de ce dernier trait une romance en-
vieux ſtile qui ſe trouve dans les *Mélanges Helvétiques*,
de 1782 à 1786, page 351.

phyfiquement affez fortes pour fe charger d'un pareil fardeau....

En fortant de *Rheinac*, on laiffe à fa gauche une partie du Canton de *Soleure*, & on y remarque de loin les tours de l'antique château de *Dornach*. — Ce fut entre la *Byrfe* & cette for.tereffe que fe livra le 22 Juillet 1499, la bataille décifive qui termina la fanglante guerre de *Souabe* : 5000 Suiffes, la plupart *Bernois* & *Soleurois* y attaquerent 18000 *Autrichiens* commandés par le Comte *Henri de Furftemberg* : ils allaient fuccomber fous le nombre, quand il leur arriva fort à propos un renfort de 1200 hommes de *Lucerne* & de *Zug*, qui détermina la victoire en faveur de la caufe de la liberté. Le général, la plupart de fes officiers, plufieurs feigneurs de la plus haute nobleffe & 4000 foldats périrent dans ce combat. Quelques années après, on raffembla leurs os épars dans une chapelle qui fubfifte encore près du *Couvent des Capucins* (*).

Il y a eu autrefois des nobles de ce nom ; *Landeric de Dornach* fut facré Evêque de *Laufanne* en 1160 : la même année il fut dépouillé & pris prifonnier par les gens du comte de *Nidau*, en vertu des ordres de l'Empereur qui voyait de mauvais œil fon attachement au parti du Pape.

(*) On trouve une defcription très-détaillée de la bataille de *Dornach* dans les *Etrennes Helvétiennes* de 1787.

Il eut beaucoup de peine à fortir de prifon; de retour à *Laufanne*, il fit fortifier un quartier de la ville & bâtir plufieurs châteaux, entr'autres celui de *Lucens* & la tour d'*Ouchy*, au bord du lac; il favorifa l'agriculture & les défrichemens, & fe fit chérir de tous les fujets de l'Evêché. S'étant brouillé avec fon chapitre, à l'occa-fion d'un procès, les chanoines pour s'en ven-ger, l'accufèrent auprès d'*Adrien IV* de manquer quelquefois à fon vœu de célibat & de mal ad-miniftrer fon diocèfe : il alla d'abord à *Rome* pour fe juftifier; mais trouvant le Pape entié-rement prévenu par fes ennemis, pour éviter une dépofition flétriffante, il réfigna fon fiège au bout de quatorze ans & paffa le refte de fa vie à *Laufanne* comme fimple Chanoine, s'occupant tou-jours d'agriculture : il réfulta des débats qui s'élevèrent à fon fujet entre le *pape* & l'Empe-reur *Fréderic Barberouffe*, que ce dernier remit au nom de l'empire, l'*Avocatie* de l'Evêché de *Laufanne* à la maifon de *Zœringue*.

Peu de gens favent que c'eft dans l'Eglife pa-roiffiale de *Dornach*, qu'a été enfeveli *Mauper-tuis*, mort à Bâle en 1759 dans la maifon du Profeffeur *Jean Bernoulli*, fon ami intime. La réputation de ce favant mathématicien nous in-vite à publier fon épitaphe prefque perdue dans ce coin obfcur de la *Suiffe* : la voici.

VIRTUS PERENNAT
CÆTERA LABUNTUR
Vir illuftris genere· ingenio fummus
dignitate ampliffimus
PETRUS LUDOVICUS MOREAU DE MAUPERTUIS
ex Collegio XL Academicorum
linguæ· francicæ
Eques aur. ord. Reg. Boruss.
præftantibus meritis dicati
Academiarum celebriorum Europæ
omnium Socius
et Regiæ Berolinenfis Præfes
natus in caftro St. Maclovii
d. 27. 7br. 1695.
ætate integra lento morbo confumptus
hìc offa fua condi voluit
CATHARINA ELEONORA DE BORCK Uxor
MARIA Soror
et JOH: BERNOULLI def. intimus
in cujus ædibus die 27 Julii
M D CC. LIX. deceffit
communis defiderii lenimen
H. M. B. M. P.

Outre cette épitaphe, *Maupertuis* a encore un
beau maufolée dans l'églife de *Saint Roch* à *Paris*, dont l'infcription fort étendue eft très-honorable & à fes travaux littéraires & à la mémoire de fon père, mort à *Paris*, où il réfidait

pour les affaires du commerce de *Saint Malo*, d'où leur famille eft originaire.

L'anecdote fuivante peut fervir à completter l'*ecce homo* de *Voltaire*. Les difputes de ce dernier avec *Maupertuis* font généralement connues, ainfi que les libelles qu'il compofa à deffein de le perdre dans l'efprit du feu Roi de *Pruffe*, qui les avait attiré l'un & l'autre à Berlin. Aux yeux des gens impartiaux, l'aigreur du poëte ne contrafte pas à fon avantage avec la modération du philofophe enfin pouffé à bout. Pendant le dernier féjour de *Maupertuis* à *Bâle*, *Voltaire* y paffe & fait prier *Bernoulli* de venir à fon auberge. Dans la converfation, ce dernier lui apprend que *Maupertuis* eft dans fa maifon, qu'il eft mourant & qu'il défire le voir pour fe réconcilier avec lui; *Voltaire* s'en excufe fur fa mauvaife fanté qui l'empêche de fortir de l'appartement : dans ce même appartement était une gravure de *Maupertuis*, avec un quatrain très-flatteur, que *Voltaire* avait fait dans le tems de leur première liaifon; indigné de ce monument de leur amitié paffée, il tourne la gravure, & écrit de l'autre côté ces vers :

(*) Pierre Moreau veut toujours qu'on le loue :
Pierre Moreau ne s'eft point démenti :
Par moi, dit-il, le monde eft applati . . . .
Rien n'eft plus plat, tout le monde l'avoue.

(*) *Moreau* était fon nom de famille, & *Maupertuis* fon nom de terre.

C'eſt ainſi, que tandis que *Maupertuis* expirant lui offre une main de paix, ſon lâche ennemi cherche encore à empoiſonner ſes dernières heures & qu'il épanche une bile, que le
tems n'a pu épuiſer, dans des vers, dont on
peut dire à plus juſte titre que de la belle découverte qu'il y tourne en ridicule.

Rien n'eſt plus plat ; tout le monde l'avoue.

Le château de *Dornach* était jadis une forte-
reſſe très-importante : les *Soleurois* l'achetèrent
en 1484 de *Bernard d'Efringen* citoien de *Bâle*,
& en firent un bailliage, en y annexant pluſieurs
ſeigneuries qu'ils avaient achetées ou conquiſes
dans les environs. Ce bailliage, ſitué au-delà
du *Jura*, par rapport au reſte de la *Suiſſe*, eſt
aſſez fertile & bien cultivé ; il eſt coupé en deux
par *l'Evêché*, & dans la partie ſéparée du canton,
ſe trouvent des bains ſulphureux aſſez fréquen-
tés, près du village de *Flüher*, au pied du *mont*
Blawen : au-deſſus eſt un pélérinage très-célèbre
dans les contrées voiſines : c'eſt le couvent de
notre *Dame de la pierre* (en allemand *Maria-*
ſtein), le neuvième & dernier de la *congrégation*
des Bénédictins de Suiſſe (*). Sa ſituation bifarre

─────────────────────

(*) Cette *congrégation* qui date de 1602, & qui lie
étroitement pour tous leurs intérêts communs les *Béné-*
dictins de la *Suiſſe*, eſt compoſée de neuf couvens, dont
voici l'ordre, *St. Gall*, *Einſidlen*, *Pfeffers*, *Diſentis*,
Muri, *Rheinau*, *Fiſchingen*, *Engelberg* & *notre Dame*

fur une chaine de rochers qui domine une
étroite vallée , fes agreftes alentours qui con-
traïtent avec ces beaux édifices , & fur-tout une
profonde caverne en deffous de l'églife devenue une chapelle très-finguliere , où l'on arrive
par des voûtes taillées dans le roc , méritent
à ce couvent peu connu la vifite des curieux,
qui vont fouvent voir des chofes moins intéref-
fantes.

Vis-à-vis de *Dornach*, fur le revers de la
derniere branche du *Jura* qui aboutit au *Sundtgau*, font encore des mafures bien fameufes dans
cette contrée furchargée de châteaux : ce font
les reftes de *Fürftenftein* : *Vernier de Rotberg* (*)
qui avait pris le parti de *l'évêque de Bâle* contre
l'Empereur *Albert*, y était affiégé en 1308 par
les partifans de ce dernier : la brèche était faite,
& il allait fe rendre ; quand fur le foir , une
voix fe fait entendre , & crie : *ne vous rendez
pas*, *Albert ne vit plus.* Le lendemain la nouvelle fut confirmée par le départ des affiégeans,

---

de la *Pierre*; l'abbé de *St. Gall* en eft préfident né. Le
lieu d'affemblée alterne d'un couvent à l'autre, & ni
l'évêque diocéfain , ni même le Nonce apoftolique ne
peuvent annuller ou infirmer les décrets de cette congrégation.

(*) La famille de *Rotberg* fubfifte encore dans l'*Alface* & dans l'*Evêché*; les ruines du château de ce nom
ainfi que celles de *Sterneberg* qui lui appartenait auffi ,
font fituées dans une vallée fauvage & mélancolique ,
pas loin du couvent de *notre Dame de la Pierre.*

qui avaient tous décampés pendant la nuit ;
effectivement, l'Empereur avait été affaffiné par
fon neveu près de *Vindifch* , & le bruit s'en
était répandu avec tant de rapidité, que le foir
du même jour, *Rotberg* éloigné de quinze lieues
du théâtre de cette fcène fanglante, en pût être
averti. Un fiècle après fon petit-fils fut affiégé
& pris dans ce même château par *Henri Zerbein* , qui fit lâchement décapiter fon prifonnier : mais il ne jouit pas longtems du fruit de
fon crime , les *Bâlois* coururent aux armes pour
venger leur concitoien, reprirent *Fürftenftein* ,
taillèrent en pièces la garnifon & tranchèrent
la tète à *Zerbein* par répréfailles.

En remontant depuis le pont de *Dornach* le
long de la *Byrfe* , le pays devient plus étroit &
plus montagneux , quoiqu'on y trouve encore
des vignes d'un affez bon rapport , & on arrive
à la tète du défilé , au village d'*Œfch* , chef-lieu
du bailliage de *Pfeffingen* : ce bailliage eft fi petit
& fi peu lucratif qu'on a été obligé de le réunir
au bailliage prochain de *Zwingen* , dont le baillif
doit venir une fois par femaine fur les lieux
rendre la juftice. Il n'eft pas à préfumer que le
village d'*Œfch* fut bien peuplé & bien riche
quand les deux châteaux voifins *Pfeffingen* &
Angenftein étaient entre les mains des nobles qui
les poffédaient : dans les fiècles du fyftème féodal, ce n'était pas pour favorifer l'agriculture
& le commerce que s'élevaient ces maffes énormes, mais pour mettre à couvert l'ambition &
la rapine. *Angenftein* fubfifte encore , mais *Pfeffingen*

gen n'eſt plus qu'une ruine impoſante & majeſ-
tueuſe, qui préſente pluſieurs aſpects différens,
ſuivant le lieu d'où l'on regarde *ce grand cada-
vre* : une vaſte tour à moitié écroulée, des pans
de murailles renverſés ou édentés par le tems,
des fôſſés obſtrués par la chute du rempart,
ſervent de tanière aux renards & d'azyle aux
oiſeaux de proie, devenus les ſucceſſeurs naturels de ces ſeigneurs, avec qui il ne ſerait pas
difficile de leur trouver quelque reſſemblance :
le ſilence & la mélancolie s'aſſaient fièrement
ſur ces triſtes débris, & ſemblent encore leur
donner un air de menace & de grandeur.

Ce château avec ſes dépendances fut donné
à l'égliſe de *Bâle* par l'Empereur *Henri II*,
prince très-généreux envers le clergé & par
conſéquent très-grand dans ſon ſiècle; car dans
le nôtre la grandeur ne s'achete pas ainſi : dans
la ſuite un évêque dépenſier le donna en fief
noble aux comtes de *Thierſtein*, à qui il conve-
noit beaucoup, vû la proximité de leurs domaines naturels; en 1519, à la mort de *Henri*
dernier comte de cette ancienne maiſon, il devait rentrer comme fief maſculin dans le domaine direct de l'*Evêché*, mais comme il était déja
engagé aux *Soleurois* pour une ſomme d'argent,
l'évêque, du vivant même de *Henri*, prit des
arrangemens pour s'aſſurer le retour de ce fief dès
que ſa famille ſerait éteinte avec lui. Il mit en
jeu l'empereur *Maximilien*, qui réclama contre
l'aliénation de cet arriere fief de l'Empire, il
dégagea le comte de ſes engagemens avec *Soleure*,

D

en paiant sa dette, & empêcha ainsi ces ré-
publicains de réunir tous les domaines des comtes de *Thierstein*, dont ils possédaient déja le château, devenu un de leurs bailliages : l'*Empereur* réserva la neutralité de *Pfeffingen* en cas de
guerre avec les *Suisses*, & donna 2000 florins à
l'évêque, à condition d'en maintenir les fortifications. Les comtes de *Thierstein* l'ont
souvent habité : parfaitement situé pour ce que
faisaient alors les grands seigneurs, il gardait
un passage important & fréquenté, il aboutissait
à un excellent pays de chasse, & était assez fort
pour servir de retraite inexpugnable en cas de
revers. Cependant si ce noble manoir plaisait
aux chevaliers qui y faisaient leur séjour, il n'en
fut pas toujours ainsi des dames ; une chronique nous apprend, sans dire ni les noms des
acteurs, ni la date de l'événement, que deux
filles d'un seigneur de *Pfeffingen*, ennuiées de
ne voir la campagne qu'à travers les étroits
créneaux du mur épais qui les gardait, quitterent furtivement le château, & se firent accompagner dans leur fuite, pour plus de sûreté, par
deux jeunes paysans ; on courut après les belles
fugitives, qu'on n'eut pas de peine à ratrapper ;
elles en furent quittes pour une sévere répri-
mande & une clôture plus exacte : mais les
deux paysans, qu'elles avaient forcés à leur servir d'écuiers, furent pendus l'un & l'autre. On
reconnaît à ce trait la physionomie du treizieme
ou quatorzieme siècle & l'insupportable pesan-
teur de ce joug féodal, que nous ne sentons pas
assez le bonheur d'avoir secoué.

Le second château, celui d'*Angenstein*, eſt
ſéparé du précédent par la *Byrſe*, qui baigne
ſilencieuſement le pied du roc qui le porte :
une tour quarrée, dont les murs ſont tapiſſés
de mouſſe, de lierre, de gramens & de buiſſons,
a ſous elle deux ponts de bois très-pittoreſques &
biſarrement conſtruits : l'aſpect ſombre & ſauvage de la gorge étroite qu'il ferme, ont valu
ſouvent à ce château de figurer dans le porte-
feuille des peintres, & il eſt peu de morceau
plus frappant quand il eſt bien traité. Mais il
vaut mieux le voir en paſſant que de l'habiter :
aucune vue de ſes fenêtres que les rochers &
les ſapins, qui ſemblent l'aſſiéger ; une nature
âpre & morne n'y fait naître que des penſées
pénibles, & loin de s'épanouir au dehors, l'ame
repouſſée s'y concentre ſur elle-même par l'impreſſion d'une vague triſteſſe.

Les comtes de *Thierſtein* tenaient très ancien-
nement ce château en fief de la maiſon d'*Autriche* ; mais ils en remettaient la garde noble
& les revenus à quelque gentilhomme qu'ils
voulaient récompenſer, ou attacher à leurs intérêts ; c'eſt ainſi qu'il paſſa des *Schaller de Bâle*
aux *Münch de Landſcron*, malgré les oppoſitions
de *Jean Zerbein*, qui fut débouté de ſes prétentions par un arbitrage autoriſé de la cour
de l'évêque, dont le ſur-arbitre était *Conrad de
Berenfels*. Le grand tremblement de terre de
1337 le renverſa avec tous les autres châteaux
des environs ; bientôt rebâti, il revint un ſiècle
après à ſes ſuzerains naturels, qui en inveſti-

rent *Wolf de Liechtenfels* : ce dernier n'en jouit
pas longtems ; un incendie le confuma dans ce
même château lui & toute fa famille : fans doute
que cet accident arriva de nuit, quand le pont
était levé, & que l'épais grillage dont toutes
les fenêtres étaient armées fuivant la coutume
de ces tems, & l'efcalier de bois bientôt enflam-
mé, empêcherent également les habitans de fe
fauver & de recevoir du fecours ; d'ailleurs dans
ces fiècles là, les payfans, quand le feu prenait
à la demeure de leurs feigneurs, ne s'empref-
faient pas beaucoup à l'éteindre.... Tous ces malheurs dégouterent les comtes *de Thierftein* de
ce fief, & pour lui affurer la protection du ciel,
ils ne trouverent pas de meilleur moyen, que
de le donner à l'*évêché de Bâle* en 1518, avec
l'agrément de l'Empereur *Maximilien ;* dans la
mouvance héréditaire duquel il était fitué : enfin
en 1560, l'évêque & fon chapitre l'inféoderent
pour lui & fes defcendans fils & filles à un zèlé
ferviteur de leur églife, nommé *Wendelin Zipper*
en reconnaiffance des fervices effentiels qu'il
leur avait rendus. Ces fervices, dont l'expofé
eft bien propre à faire connaître l'état & les
mœurs de ces tems là, étaient, d'avoir dégagé
à fes frais & réuni à l'évêché plufieurs revenus qui en avaient été aliénés, d'avoir obtenu
de l'Empereur l'exemption de la reprife difpen-
djeufe du fief de la principauté pour la derniere
mutation, d'avoir procuré une commiffion impériale pour terminer les différens de l'évêque &
de la ville de *Porentru* trop fouvent réveillés

dès lors, d'avoir fait arrêter le fisc de l'Empire
qui pourfuivait la répétition de groffes fommes
pour le payement des *mois Romains* dès longtems arriérés, & fur-tout d'avoir forcé les vaf-
feaux de l'Evêché de donner une reconnaiffance
exacte de tous les fiefs qu'ils tenaient de l'églife
de *Bâle*; comme un incendie en avait confumé
les actes de revers, cette nobleffe avait voulu
profiter de la circonftance pour s'affranchir entièrement de toute vaffalité. Un ancien ufage
autorifait l'état de *Soleure* à mettre garnifon à
fes dépends à. *Pfeffingen* & à *Angenftein*, pour
garder cet important paffage, quand les frontières étaient menacées par des troupes étrangères:
lors de la *guerre des Suédois*, un defcendant de
ce *Zipper* pria ce canton de mettre garnifon à
Angenftein, il l'obtint fans peine; mais au départ
des troupes, il fut obligé de payer fort chérement cette garde, qu'il n'eut point demandée,
s'il eût prévu qu'elle y ferait à fes frais.

Sur une des collines voifines d'*Angenftein*,
quelques mafures à peine vifibles, font les feuls
reftes du château de *Berenfels* : la maifon de ce
nom a joué à *Bâle* un rôle très-brillant & occupé
longtems les premières places de la magiftrature,
avant que la nobleffe s'en fut fait expulfer en
1445 par fes factions turbulentes. Quoique
Adelbert de Berenfels fut du nombre des profcrits,
cette république n'a point confondu cette famille
avec les autres ennemis de fon indépendance,
& lui a confervé le droit de bourgeoifie hono-

raire, droit fort utile pour entrer comme *Suiſſe* au ſervice de *France* (*).

A meſure qu'on avance dans le *Jura*, des vallées plus ou moins larges & ſauvages, que la *Byrſe* & le chemin traverſent, offrent à chaque pas les payſages les plus gracieux & les plus variés : ce ſont des rocs entaſſés comme par gradins, frangés de buiſſons & coëffés de ſapins majeſtueux, qui ſervent de revêtement à des collines bien cultivées dont les pentes faciles, les contours aiſés & les maſſes arrondies repoſent agréablement la vue : en parcourant ces effets contraſtés, la penſée ſemble, ſi l'on peut s'exprimer ainſi, ſe teindre de leurs couleurs & revêtir leurs formes diverſes : on diſtingue ſurtout pluſieurs grouppes de rochers, tantôt iſolés, tantôt attenans les uns aux autres, qui paraiſſent, ici comme une table couverte de verdure, là comme une vaſte corbeille pleine d'arbres, quelquefois comme une longue mùraille, avec de petites tourelles en avant, qui ſupportent un hêtre ou un frène, dont le vent agite continuellement le mobile feuillage. Près du village de *Grellingen*, la *Byrſe* reſſerrée par des rocs, forme une caſcade, dont la chûte blanche d'écume, ſe trouve encadrée entre deux

_____

(*) Sur plus de cinquante familles nobles, bourgeoiſes de *Bâle*, quatre ſeulement y ont conſervé le droit de cité; ce ſont celles de *Reichenſtein*, d'*Eptingen*, de *Rotberg* & de *Berenfels*; ces derniers ſont *grands échanſons* heréditaires de l'Evêché.

nappes d'une eau calme & azurée ; les ruftiques
bâtimens qui l'entourent ajoutent encore à la
richeffe de ce tableau , qui déja plus d'une fois
a exercé les crayons des artiftes voyageurs :
bientôt la fcène change, & un édifice gothique,
dont le centre eft une vafte tour, coupe &
défend la vallée, près de l'endroit, où *la Lifel*
vient fe joindre à la *Byrfe* du fond d'un vallon
tranfverfal . . . . C'eft le château de *Zwingen*,
réfidence du grand baillif de *Lauffon* : il a été
réuni à l'*évêché* à l'extinction des nobles de *Ramf-*
tein, auxquels il avait été engagé : l'épaiffeur
étonnante de fes murs & la mauvaife diftribution de fon intérieur annoncent qu'il a été conftruit, plutôt pour la fûreté que pour la commo-
dité de fes poffeffeurs ; il a foutenu plus d'un
fiège, & en 1530, peu s'en eft fallu qu'il n'ait
été pris par les payfans révoltés : on doit préfumer qu'il n'y avait originairement qu'une tour,
par les autres appartemens qui paraiffent plus
modernes & font circulairement arrangés autour
de l'édifice central. Les eaux de la *Byrfe* en
faifaient précédemment une efpece d'île ; mais
pour rendre cette habitation plus faine , l'art a
corrigé la nature, en procurant l'écoulement de
ces eaux fouvent fétides & ftagnantes. Au fom-
mèt de la tour, eft une belle platte-forme, qui
découvre & domine de tout côté la vallée ; c'eft
de là que les anciens feigneurs voyaient venir
tout à leur aife leurs ennemis ou les paffagers,
qu'ils traitaient affez fouvent auffi mal les uns
que les autres. On jouirait avec plus de plaifir

D 4

du beau payfage fur lequel l'œil plane du haut
de cette tour, fi l'on n'appercevait au milieu,
la gueule infernale d'un de ces gouffres connu
vulgairement fous le nom d'*Oubliettes*, où l'on
croit entendre encore retentir fourdement les
cris des malheureufes victimes qui y ont jadis
été enterrées toutes vivantes. Dans prefque tous
les anciens châteaux de l'*Alface* & de l'*Helvétie*,
on trouvait ce qu'on appelle une *tour d'oubli*,
quelquefois dans le centre, quelquefois dans un
des angles de ces énormes maffes ; c'était proprement un puits fort étroit qui defcendait du
haut du château jufqu'à fes fondemens ; on y
dévalait avec une corde les infortunés dont on
voulait s'affurer ou fe défaire. Les premiers
étaient nourris par des pains qu'on leur jettait
d'en-haut, les autres y étaient abandonnés à la
faim & au défefpoir : fi l'on defcend dans une
de ces *Baftilles* féodales, on n'y trouve pour
l'ordinaire que quelques os décharnés, & l'on y
eft faifi d'un friffon involontaire, comme fi les ombres de ceux qui y font trépaffés dans la rage,
venaient vous demander compte des maux qu'ils
ont foufferts. C'eft dans ces *tours d'oubli* que
nos vieilles chroniques & plufieurs romances
placent le théatre d'une foule de fcènes déchi-
rantes, qui ne donnent fûrement pas des regrets
de vivre fous un gouvernement où ces horri-
bles inventions de la tyrannie ne font pas connues. Plus d'une fois, un mari jaloux y laiffa
périr l'amant de fa femme, & un ambitieux y
enfevelit fon rival plus faible : on cite même

un fils dénaturé, qui pendant longues années
y renferma son pere, après avoir répandu le
bruit de sa mort & fait célébrer ses funérailles.
Voilà cependant ce qu'on aura à craindre par-
tout où la force fera la loi, par-tout où la volonté d'un seul déterminera à son gré le juste
& l'injuste, par-tout où le pouvoir arbitraire ne
sera tenu de rendre compte à aucun tribunal,
de ceux qu'il a intérêt de perdre ou d'écarter.

Le château de *Zwingen* passé, le vallon s'élargit ; une plus belle culture se montre, & l'on
entre bientôt à *Lauffon*, situé un peu au-dessous
du confluent de la *Lutzel* & de la *Byrse*. C'est
une petite ville quarrée & environnée d'un mur
assez régulier : elle n'a rien de remarquable
qu'une cascade de la riviere près du pont couvert qui la traverse. Quoique moins pittoresque
que celle que nous avons vue précédemment,
elle a cependant été répétée plus souvent sur la
toile ou par le burin, parce que le pont &
tous ses alentours font tableau, & qu'on est, je
crois, plus surpris de rencontrer un bel effet de
la nature dans une ville que dans un lieu solitaire : le bruit tumultueux de ces eaux brisées
entre des rocs qui coupent leur lit, attire d'autant plus l'attention, qu'il contraste d'avantage
avec le *génie* de la *Byrse*, coulant pour l'ordinaire en silence sous l'œil qui se repose, en
suivant son cours presque imperceptible.

Lauffon n'était dans son origine qu'un petit
village, appartenant au couvent de *St. Blaise*
dans la *forêt Noire*. L'Empereur *Conrad* III

l'adjugea en 1141 à l'églife de *Bâle*, avec quelques autres terres en échange du droit d'*avocatie* qu'elle avait fur cette abbaye & dont elle lui fit ceffion : la fituation avantageufe de ce lieu pour le paffage des marchandifes de France en Allemagne ayant augmenté le nombre de fes habitans, *Lauffon* obtint dans les dernieres années du treizieme fiècle les droits de ville : l'Evêque lui permit d'avoir une magiftrature, préfidée par un Bourguemaître, fous l'*infpection* d'un *Maire*, dont il fe réferva la nomination : cette derniere charge fut regardée longtems comme très-honorable, & poffédée par les familles nobles établies à *Lauffon*, comme les *Staal*, les *Hertenftein* : maintenant qu'il n'y a plus de nobleffe dans l'endroit, le *Maire* eft pris d'entre les bourgeois. Les payfans de la ville & de la vallée (*Laufferthal*) font d'un caractere remuant qui, à la moindre atteinte portée à leurs droits, les a dans chaque fiècle pouffé à des révoltes, auxquelles les Evêques toujours les plus forts, ont oppofé des gibets & des échaffauds. La *chronique* manufcrite de *Neuchâtel*, parlant d'un de ces foulèvemens, dit avec beaucoup de naïveté : *tout fe termina à l'amiable, comme à l'accoutumée, après que le prince eut fait écarteler les chefs des mutins.... Henri de Neuchâtel*, cet Evêque prodigue & guerrier, qu'on vit toujours armé & jamais en habit pontificaux, aliéna les deux tiers de fa principauté pour avoir de l'argent, & entr'autres la ville de *Lauffon* aux nobles de *Ramftein*, qui poffédaient déja le château voifin de *Zwingen* : fon fecond fucceffeur *Jean de Fleckenflein* paya la dette , & réunit cette ville à l'Evêché : on peut juger de la mauvaife économie de fes devanciers par ce trait: „ Quand il fe mit en poffeffion de l'églife de „ *Bâle* , dit une chronique, il ne trouva que „ deux maifons épifcopales qui n'euffent pas „ été vendues , ou engagées ; l'une dans la „ ville , fi petite qu'elle ne pouvait fuffire à „ un fimple chapelain , & l'autre à *Delémont* , „ fi délabrée, qu'en tems de pluie , l'Evêque ne „ favait où mettre fa table & fon lit ". Les barons de *Ramflein* avaient habilement profité de ce défordre des finances, pour fe faire hypothéquer *Lauffon* , *Birfeck* & *Riéhen* , qui ne leur reftèrent cependant pas : à l'extinction de cette famille , les beaux domaines qu'elle avait réunis le long du *Jura* fe partagèrent entre les voifins: *Zwingen*, comme on l'a dit plus haut, revint à l'Evêché ; *Gilgenberg* paffa au canton de *Soleure*, qui en fit un bailliage , & la ville de *Bâle* eut pour fa part le château de *Ramflein*, berceau de la famille , & qui a été annexé au bailliage de *Vallembourg*, après en avoir fait un pendant quelque tems.

Les bailliages allemands de l'Evêché , c'eft-à-dire *Lauffon* , *Pfeffingen* & *Byrfeck* avaient embraffé la communion réformée en 1535, & s'étaient liés pour la défenfe de leur liberté fpirituelle, avec la ville de *Bâle* , dont ils étaient combourgeois. Ils jouirent fort péniblement de cette réformation environ cinquante ans , toujours moleftés par les Evêques ; enfin le **Prince** *Chriftophe Blarer de Wartenfée*, plus politique que fes prédécefleurs, commença par fe fortifier de l'alliance des fept *cantons catholiques*, dans un traité d'abord très-fecret, & bientôt ratifié publiquement en 1580 ; traité qui portait que ces nouveaux alliés lui prêteraient main forte pour ramener fes fujets *dans le giron de Rome*; mais qu'il ne pourrait cependant ufer de violence fans leur *aveu fçu & volonté* : enfuite il parvint à annuler leur traité de combourgeoifie avec *Bâle*, ainfi qu'il avait fait de celui de l'*Erguel* avec *Soleure*, & enfin, malgré un pacte formel fait avec les *Bâlois* en 1585, par lequel le libre exercice des deux communions était folemnellement établi, il travailla avec vigueur à éteindre la *réforme*; alors ce petit pays abandonné de fes protecteurs, après des foulévemens que le *glaive de St. Pierre* rendit inutiles, fut forcé de penfer fur la religion comme fon Evêque ; & à - préfent on ne foupçonnerait certainement pas qu'il ait jamais été *réformé*. Il eft fûr, que fi *Bâle* eût déployé alors la même énergie en faveur de fes combourgeois, que *Berne* déploia pour les fiens du *Munfterthal* précifément dans le même cas, l'intolérance de l'Evêque n'eût pas triomphé : — Qu'on me permette ici le mot d'*intolérance*, que j'employerais également pour un état *reformé*, qui uferait de violence contre la liberté fpirituelle de fes fujets *catholiques*. — Les habitans de *Lauffon* & des vallées voifines qui s'étaient diftingués par leur roideur dans les derniers démèlés avec

l'*Evêque*, furent défarmés en 1740 : mais en 82 ,
le prince de *Vanguen* leur rendit leurs armes ,
& fa mémoire eft en bénédiction parmi eux pour
ce bienfait : c'eft ainfi , & avec bien de la fageffe , qu'en ont agi , le canton de *Glaris* envers
fon comté de *Verdenberg* & celui d'*Uri* envers
la vallée de *Livinen* : il ne faut jamais que les
enfans portent la peine des fautes de leurs peres ; ce n'eft pas une bagatelle que d'ôter les
armes à un peuple qui fait s'en fervir , & on ne
peut trop tôt les lui rendre , dans la certitude
qu'alors la reconnaiffance plus que la force l'em-
pêchera d'en faire un mauvais ufage. C'eft , je
crois , dans le *port d'armes* généralement établi
par toute la *Suiffe* , qu'il faut chercher une des
caufes de cet amour de la patrie qui s'y eft
mieux confervé que par-tout ailleurs.

De *Lauffon* à *Sobière* , le pays fe rembrunit &
prend une phifionomie plus rude & plus agrefte ;
des rocs ceintrés qui fervent de piedeftal à des
files de fapins , après avoir refferré le chemin &
la rivière , s'écartent bientôt , & embraffent des
prairies & des fermes folitaires : près de la *ver-
rerie* , la nature a formé un baftion parfait ; il
fixe les regards du voyageur par la régularité
de fes formes gigantefques & femble fait pour
défendre le défilé dans lequel il eft fitué. Aux
environs du hameau de *Liefperg* , on remarque
quelques grottes naturelles qui fervent d'abri aux
troupeaux contre le foleil & la pluie : quand
on y voit un berger endormi , entouré de vaches qui ruminent & de chévres qui pendent

aux buiffons voifins, on croit être au milieu
d'une *éclogue* & retrouver ce charmant tableau
de *Virgile*, *viridi projectus in antro* &c. en de-là
de *Bébrunn*, un vafte bloc de rocher ifolé de
toute part & percé à jour dans le milieu, s'élève
fièrement au coin d'un pâturage que deffine la
Byrfe; on dirait que c'eft le dernier pan d'un
palais ruineux qui furvit au refte de l'édifice
renverfé par le tems : les pluyes qui le battent,
le vent qui fouffle au travers, les eaux qui en
minent le pied, auront bientôt culbuté ce fuperbe fragment détaché des rocs fupérieurs. Par-
tout dans cette contrée, on voit à côté de la
renaiffance des végétaux, la deftruction de ces
maffes qu'on croirait d'une folidité à toute épreuve; jeune & vieille tout à la fois, ici la nature
fe reproduit, là elle tombe en ruine, & l'ame
frappée du contrafte de ces deux effets fi oppo-
fés, fe livre à un double fentiment qui l'affecte
d'une maniere, qu'aucun terme ne peut faire
connaître à quiconque n'en a pas éprouvé l'impreffion.

Près du village de *Sobière*, on remarque des
deux côtés de la gorge par où l'on pénétre dans
le pays, des reftes de fortifications : maîtres abfo-
lus du paffage, les feigneurs nichés dans le
château fupérieur maintenant abandonné, pouvaient ouvrir ou fermer la vallée, à leur gré,
& écrafer à coup de pierre une armée entière
dans cet étroit défilé. Dès le commencement du
douzième fiècle, nos chartres font mention des
Comtes de Sobière; (*Saugern* en allemand) leurs

poſſeſſions paſſèrent dans la maiſon des *Thierſtein*
leurs plus proches voiſins, & enſuite aux comtes
de *Ferrette* : c'était un fief de l'Evêché de *Bâle*
qui après en avoir été longtems détaché y fut
réuni pour toujours én 1578. Le château était
fort conſidérable. — On ne péut guères trouver
de ruines plus majeſtueuſes ; leur ſituation au
milieu de rochers à peine acceſſibles & d'une
nature effrayante par ſes bouleverſemens, rappelle une foule de ſouvenirs des tems paſſés, à
la fois ſiniſtres & ſublimes, & ſemble donner à
l'ame la même commotion que ſi l'on voyait
bâiſſer ces ponts levis & ſortir une cohorte
güerrière, pour voler à la proie ou au carnage.

Cet éndroit ſemble être marqué pour une
limite importante ; & en effet, c'eſt ici la limite
des deux langues *allemande* & *françaiſe* : une
ligne preſqué droite qu'on peut tirer de *Sion en
Vallais*, juſqu'à *Delemont* dans l'Evêché, coupe
la *Suiſſe* en deux parties inégales, dont les mœurs
& les loix ſont auſſi différentes que le langage :
en deçà, on reconnaît les traces de la domination *germanique* plus fière & plus turbulente ;
en de-là on retrouve les reſtes du gouvernement
plus doux mais plus faible des *Francs & des Bourguignons.* C'eſt certainement ſous le point de
vue politique, un mal que cette diverſité de
langage dans un auſſi petit pays que le nôtre ;
elle rend un tiers de la *Suiſſe* preſque étranger
aux deux autres ; elle paraît annoncer deux peuples & par conſéquent deux intérèts diſtincts ;
s'il n'y avait qu'une ſeule langue de *Conſtance*

à Geneve, cela donnerait plus de confiftance à la confédération générale en rapprochant davantage & les Etats & les individus : car dans toute la *Suiffe françaife*, il femble que l'amour de la patrie ait moins d'énergie, que le caractère national perde de fes traits mâles & diftinctifs, & que pour les ufages, les modes, la littérature, la façon de penfer même, on foit devenu les imitateurs ou plutôt les finges de fes aimables & frivoles voifins.

De *Sohière*, après avoir paffé un angle que fait fur le chemin l'extrêmité d'une colline efcarpée, on entre dans la belle & large vallée de *Delemont*, qui renferme cette ville & trente-trois villages : ici le payfage, longtems rétréci par d'énormes maffes, s'étend & fe prolonge : après avoir erré de défilés en défilés, le long des finuofités de la rivière qui les a creufés à la longue, on découvre avec plaifir un plus grand horifon & un vafte baffin que coupent des côteaux boifés ou cultivés & qu'environnent des montagnes couvertes de *châlets* & de troupeaux. Quand du fond de la gorge qui débouche dans cette longue vallée, on lève les yeux & qu'on voit fur le haut du rocher voifin, les débris d'un château qui dépaffent la fommité des fapins d'alentour, & une antique chapelle qui a confervé dans fon entier fes murs & fon clocher gothiques, on fe demande tout naturellement, pourquoi de ces deux édifices contemporains l'un a furvécu à l'autre. . . . la réponfe eft bien aifée ; c'eft que l'empire de la religion eft plus

durable

durable que celui de la violence ; c'eſt que la chapelle, aſyle des malheureux ou des coupables qui venaient pleurer au pied des autels de l'éternelle clémence était un ſéjour de paix & de conſolation, tandis que le château repaire de la tyrannie & du crime, & toujours arroſé de ſang ou de larmes, attira enfin ſur lui la vengeance & la deſtruction : effectivement, c'eſt après avoir été longtems habité par des *Comtes* ou plutôt par des brigands du nom de *Vorburg* que les Evèques de *Bâle*, prirent le parti de le ruiner. L'aigle qui déſole une vallée des *Alpes*, ne choiſit certainement pas mieux ſon nid, pour voir de loin ſa proie, fondre ſur elle ſans danger, & rendre inutiles les efforts de quiconque voudrait la reprendre ; auſſi ce tyran des airs eſt-il devenu la principale pièce des armoiries de tant de grandes maiſons, qui après avoir commencé dans les ſiècles paſſés par les *détails des grands chemins* font dans celui-ci *commerce de provinces* ou d'*hommes en gros*. Depuis 1135 à 1167 il y a eu deux Evèques de *Bâle* conſécutifs du nom de *Vorburg*, dont le dernier *Ortlieb* était très-belliqueux : il ſuivit l'Empereur *Conrad III* dans une *croiſade*, & accompagna deux fois *Fréderic Barberouſſe* dans des expéditions en Italie.

La chapelle de *Vorburg* mérite plus d'attention que les maſures qui la menacent, ſoit par la belle vue qu'on y découvre, ſoit par la célébrité de ſon fondateur ; du bord de l'étroite terraſſe qui l'environne, on voit, à ſes pieds la *Byrſe* qui s'enfuit dans diverſes petites vallées,

E

fur fa tète les affreux débris du fort qui femblent prèts à s'écrouler avec fracas, tout autour
de foi des forêts, des chaînes de rochers, des
villages, des fermes, des champs ou des pâturages, en un mot un enfemble dont chaque
partie diftincte & variée, offre un vafte champ
à l'œil comme à la penfée, donne effort à l'imagination, & fait replier la réflexion fur elle-mè-
me. — Si vous entrez dans la chapelle adoffée
au rocher, une chartre vous apprend qu'elle a
été fondée ou plutôt confacrée en 1051 par le
fameux *Léon IX.* Ce Pape né dans le Diocèfe
de *Bâle* & d'abord Evèque de *Toul* était de l'ancienne famílle d'*Egisheim* & parent de l'Empereur
Henri III qui lui procura la thiare : redoutable
par fes mœurs exemplaires, fon zèle impétueux
& fon activité infatigable, il parcourut la France & l'Italie, réformant les abus; dépofant les
Evèques & les Prètres concubinaires, excommu-
niant les Seigneurs qui trafiquaient de bénéfices,
affemblant des conciles qui voiaient, fuivant la
coutume, tous les maux de l'Eglife fans porter
remède à aucun, & enfin, conduifant lui-mème
unè armée contre les princes *Normands*, qui
après avoir pris la *Pouille* en voulaient aux domaines de *St. Pierre* : voilà comme l'hiftoire nous
repréfente ce Pontife, mais furtout j'aime à le
confidérer, quand vaincu par ces mêmes *Normands* qu'il a excommuniés, & devenu leur
prifonnier, on les voit tomber à fes genoux fur
le champ de bataille couvert de la moitié de
fon armée qu'ils ont taillée en piéce, lui deman-

der à grands cris l'abfolution, l'obtenir avec
peine & lui rendre la liberté.... Je ne fais pourquoi dans tous les endroits qu'ont habité ou feulement vifité de grands hommes, l'ame trouve
tant de plaifir à lier le fouvenir de leur hiftoire
avec ce local confacré par leur préfence : quant
à moi, il ne m'eft pas poffible de paffer près de
quelque antique édifice, fans que fa vue réveille
dans ma mémoire les noms de ceux qui l'ont
élevé, ou qui y ont joué quelque rôle remarquable. Château, couvent, pont, chapelle, en
ruine ou fur pied, n'importe, ma curiofité cherche toujours à y trouver quelques feuilles ou
feulement quelques lignes détachées des annales des fiècles ; elle les recueille avec avidité (*) &
les garde fiérement comme un trophée remporté
fur le tems... fur ce tems deftructeur qui n'é-
pargnerait pas même les plus importants fouvenirs, fi chaque nouvelle génération ne luttait
fans ceffe avec lui, pour l'empêcher de livrer
à l'oubli celles qui l'ont précédé.

La contrée dont *Delémont* (en allemand *Dells-*
berg) eft le chef lieu, s'appellait autrefois le
Saltzgeu : nous ne déciderons point entre l'ancienne tradition qui veut que ce nom lui vienne d'un grand dépôt de *fel* & l'opinion du fa-

_____

(*) Comme ceci eft affaire de *fentiment* plus que de
raifon, je ne crois pas avoir juftifié aux yeux de toùs
les lecteurs, les longues & fréquentes digreffions dont
ces *lettres* font remplies.

vant *Bochat* qui prétend en trouver l'étymologie dans les *Saly* peuple de *Provence* qui vint
occuper ce pays, & bâtir ou rétablir la ville de
Soleure. — Avant que les Évêques de Bâle euffent acquis *Porentru*, on pouvait regarder *Delémont* comme la capitale de leur principauté
temporelle dont elle eft un des plus anciens domaines. Plufieurs Evèques y ont été élus ; la
ville n'a été entourée de murs que vers la fin
du treizième fiècle : elle a effuyé deux incendies
bien funeftes, l'un en 1500 la brûla entièrement,
& l'autre 58 ans après confuma la plus grande
partie des archives de l'Evèché pleines de docu-
mens effentiels & précieux. La ville eft petite,
mais propre & joliment bâtie; elle jouit d'une
vue agréable fur toute la vallée : une feule fource d'une abondance prodigieufe & d'une eau très-
falubre, fort d'une voûte conftruite à deux cent
pas de la porte, fournit un très-grand nombre
de fontaines publiques & particulières, & fait
mouvoir plufieurs rouages : au pied de fes murs
coule la *Sorne*, qui va tout près de là fe joindre à la *Byrfe*. Les chanoines de *Moutiers* fe
retirerent à *Delémont* en 1571. Leur églife collégiale d'une architecture fimple & noble, offre
un portail du meilleur goût. Ce chapitre qui a
d'affez bons revenus, eft compofé de douze chanoines, qui n'ont pas befoin d'être nobles; leur
chef eft un *prévôt* bien renté. Un couvent
d'*Urfulines* fondé en 1703 eft enfin devenu
d'une grande utilité depuis quelques années :
l'Evèque actuel, *Jofeph de Roggembach*, la rendu

à sa première deſtination, en en faiſant une maiſon d'éducation pour de pauvres orphelines. Il y en a actuellement ſeize qui y ſont habillées, nourries & inſtruites ; & la bienfaiſance de la nobleſſe du pays ne manquera pas d'ajouter à ſes revenus encore très-modiques, pour augmenter le nombre des places . . . .

Il eſt bien doux, après avoir erré autour de tous ces vieux châteaux, qui ne rappellent rien de conſolant, de s'arrêter enfin avec une tendre émotion auprès d'un de ces établiſſemens, où la Religion tend une main paternelle à l'indigence & à la faibleſſe, & ſur la porte duquel on croit lire ce mot ſi ſimple de l'écriture (*) : *Laiſſe-moi tes enfans orphelins, je prendrai ſoin d'eux & que ta veuve place en moi ſa confiance.*

Delémont jouit de quelques privilèges, & poſſède un bel hôtel-de-ville, où s'aſſemble ſa magiſtrature particulière, que préſide le grand Baillif ou ſon Lieutenant : s'étant montrée fort animée dans les dernieres émotions populaires, ſon bourguemaître fut condamné à une priſon perpétuelle, & la bourgeoiſie ſe repentira longtems d'avoir lutté à forces inégales contre l'Evèque ſoutenu par les armes de la *France* : le château eſt placé dans une ſituation très-riante : il a été pluſieurs fois aſſiégé, pris, incendié, ruiné, entr'autres en 1365, par *Louis* Comte de *Neuchâtel*, alors brouillé avec *Jean de Vienne*, le plus turbulent,

(*) Jérémie, chap. XLIX, v. 11.

E 3

de tous les prélats qui ont occupé le fiège de
Bâle. Rebâti magnifiquement en 1719, il eft
devenu le féjour d'été des Evèques ; l'édifice eft
vafté, les appartemens font bien diftribués ; le
grillage & le portail en fer qui féparent la grande cour de la rue font du meilleur goût, & tout
annonce que c'eft la demeure d'un de ces heureux fils de l'Eglife dont le diocèfe n'eft pas
in partibus. Il y a toujours à *Delémont* un grand
Baillif, qui réunit à ce bailliage déja très-vafte,
celui de la prévôté de *Mottiers-grand-val*, de
manière qu'il a paffé feptante villages dans fon
reffort. C'eft actuellement M. le Baron de *Rinck*
avec fon fils pour adjoint ; les étrangers qui
paffent à *Delémont* ne peuvent affez fe louer de
la politeffe noble & hofpitalière de cette maifon,
l'une des plus illuftres de l'Evéché.

Quoique cette ville par fa petiteffe & la fimplicité de fes habitans, qui préfèrent avec raifon
la culture de la terre à celle des belles-lettres,
ne fe foit pas illuftrée par un grand nombre de
favans, elle a cependant vu fortir de fon enceinte
un homme très-fameux, auquel la médecine &
l'humanité doivent beaucoup. C'eft *Jean Prévôt*,
né en 1585 de parens obfcurs & pauvres : fes
talens lui valurent de bonne heure la protection
de l'Evèque de *Strasbourg*, *Léopold d'Autriche*,
qui la lui retira quand il le vit préférer, malgré
fes confeils, l'école d'*Hypocrate* à la Théologie.
Réduit à lui-même, il entra comme précepteur
dans une maifon de *Padoue*, & étudia la médecine avec tant de fuccès, que fon maître le

célèbre *Jérôme Fabrice*, lui légua en mourant
tous ses manuscrits ; mais l'avarice de ses héritiers lui contesta ce leg précieux & réussit à l'en
priver ; bientôt *Prévôt* devint successivement
docteur, *médecin de la nation Allemande de Padoue*, professeur en médecine-pratique, puis en
botanique à la mort du savant *Prosper Alpin* :
enfin, à peine âgé de trente-cinq ans, il fut
créé premier professeur de l'université avec des
appointemens très-considérables pour ces tems
là. Il refusa dès lors plusieurs places aussi honorables & plus lucratives dans d'autres universi-
tés. La peste qui ravagea l'Italie en 1631,
l'ayant engagé à se retirer à la campagne pour
en préserver sa femme & ses quatre enfans, ils
y trouvèrent malgré ses soins la maladie & la
mort qu'ils fuyaient vainement : alors privé de
tout ce qu'il avait de plus cher, *Prévot* suc-
comba à sa douleur, & le chagrin de ses pertes
cruelles le mit au tombeau à l'âge de 46 ans :
la nation *allemande* lui dressa un monument honorable dans l'école de médecine ; & il le méri-
tait plus encore par ses vertus que par son savoir : il fut toute sa vie le père des malades in-
digens ; jamais il ne courut avec autant d'ardeur
dans le palais d'un grand qu'auprès du grabat
du dernier des artisans ; il a laissé un grand nombre d'ouvrages imprimés seulement après sa
mort ; & il fut le premier qui composa en faveur de la classe la plus malheureuse de la société, surtout dans ses maladies, un traité inti-

tulé *Médecine des Pauvres*. N'oublions pas qu'un favant très-laborieux, qui prépare une hiftoire de tous les gens de lettres nés dans l'évêché de *Bâle*, eft aufli originaire de *Delémont*; c'eft *Dom Marcel Moreau* religieux de l'ordre de Citaux à *Lucelle*. Un des fruits de fes recherches entr'autres eft de s'être afluré par des preuves authentiques que cet intrépide *Jean Bart* chef d'efcadre fous Louis XIV était du village de *Corban* dans le *Munftherthal* où fa famille fubfifte encore. La *Suiffe*, très-riche en militaires du plus haut rang au fervice de terre, fera bien fière d'en avoir aufli au fervice de mer; c'eft le feul qu'elle puiffe citer avec *Jean Louis d'Erlach* de *Berne*, mort à l'âge de 32 ans en 1680, *Amiral de Dannemark* : ce dernier, formé à l'école de l'amiral *Juell*, ayant plufieurs fois combattu fous fes yeux & trouvé digne de lui fuccéder, portait au moins un nom qui prévenait en fa faveur, mais *Jean Bart* fils d'un payfan & d'abord mouffe, *fut tout par lui-même & rien par fes ayeux*.

Puifque nous fommes au centre de la principauté, nous croïons devoir tracer ici un court expofé de fa conftitution générale. L'Evêque titulaire de *Bâle* a proprement trois fortes de fujets; les premiers dépendants du corps *germanique* font tous fitués en deça de *Pierre pertuis* & renferment la ville de *Porentru*, les bailliages d'*Ajoie*, de la *Franche-montagne*, de *St. Urfanne*, de *Delémont*, de *Lauffon*, de *Pfeffingen*, de

Byrfech, de *Schliegen* (*) & la feigneurie de la
Bourg. — Les feconds tiennent d'un côté à l'Empire & de l'autre à la Suiffe par combourgeoifie
& protection de *Berne*, c'eft le pays de *Moutiers grand-val* dont nous parlerons bientôt plus
en détail. — Les troifièmes font entièrement indépendans de l'Empire & réputés Suiffes tant
·par leur fituation en delà du *Jura*, que par
leurs liaifons avec un ou plufieurs cantons, ce
font le *Val de St. Imier*, autrement appellé l'*Erguel*, la feigneurie d'*Orvin*, la ville & mairie de
la *Neuveville* & la montagne de *Dieffe* ou le
Teffemberg que l'Evèque poffède en commun
avec les *Bernois* : la cour réfide à *Porentru*, où
il y a divers confeils & chambres de juftice,
de finance &c. Les pays relevans du corps *germanique* ont leurs états compofés du clergé, de
la nobleffe & du peuple. Le clergé a cinq députés au nom de l'abbaye de *Bellelay*, du chapitre
de *Moutiers grand-val*, du chapitre de *St. Urfanne*, de la confrérie de *St. Michel* à *Porentru*
& du prévôt d'*Idftein* : la nobleffe n'en a qu'un,
& chaque bailliage a fon député pris d'entre les
payfans, ainfi que les deux feigneuries de *la
Bourg* & de *Franquemont* : ci-devant l'abbé de
Bellelay était toujours revêtu de la préfidence de

(*) *Schliegen*, le feul bailliage de l'Evêché détaché
du refte, eft fitué en de-là du *Rhin*, environ à 4 lieues
en-deffous de *Bâle*. C'eft un ancien démembrement
du domaine de l'abbaie de *St. Blaife*.

ces Etats, mais ayant tenu trop vivement le
parti du peuple dans les derniers troubles , *il*
n'a plus été élu dès lors, & fon couvent même
fe fouvient trop bien des défagrémens que luí
a caufé fa difgrace auprès de la cour Epifcopale,
pour permettre qu'il s'y expofe de nouveau.
Ces Etats du refte ne fe font plus affemblés
depuis 1752, foit qu'on puiffe fe paffer de leur
intervention , foit qu'on ne veuille pas voir renouveller les fcènes d'oppofition aux volontés
du prince qui y ont fouvent éclaté. Quoiqu'il
foit néceffaire pour les convoquer de l'agrément
de l'Evèque, le pays peut fe pourvoir auprès
des tribunaux d'Empire d'une permiffion , quand
le Prince en refufe la *tenue* : du moins la fentence de *Vienne* rendue en 1736 par le *confeil
aulique Impérial* fur les plaintes des Etats, l'a
réglé de cette manière. A ce que la cour prétend, ces états ne doivent fe mêler que de la
répartition des contributions & de la levée des
impofitions qui concernent les fujets *germaniques* felon un tarif dreffé pour cela : on diftingue les redevances annuelles en *grands mois &
petits mois*. Les dernicrs font pour payer la garde du prince compofée de 60 hommes , les bulles du Pape à chaque élection, les frais d'inveftiture auprès de la chancellerie d'Empire, les
penfions des miniftres accrédités, foit dans les
diettes & tribunaux *germaniques*, foit dans les
cours étrangères, le falaire d'un confeiller d'honneur pris alternativement dans les fept Cantons
catholiques alliés de l'Evèché pour les affaires

qui ont rapport au corps Helvétique, les frais de la chambre d'appel de *Wetzlar* &c. : dans les tems de guerre de tout l'empire, il y a de plus les *grands mois* ou *mois Romains* que l'Evèché doit comme membre du cercle du *Haut Rhin.* Son contingent fixé en 1521 eſt de 84 florins par mois, ou quinze fantaſſins & deux cavaliers à ſon choix : depuis 26 ans ils n'ont point été demandé ; mais dans les deux ſiècles précédents, on a vû l'Evèché écraſé pour des guerres qui lui étaient abſolument étrangères, payer juſqu'à trois cent *mois Romains* à la fois ; de manière qu'on peut dire ſans prévention, que la liaiſon de ce pays avec l'Empire, lui eſt plus onéreuſe qu'utile.

Comme cet état eſt abſolument coupé du reſte du corps *germanique*, l'Evèque ayant obtenu, dans les derniers troubles, une ſentence favorable contre une partie de ſes ſujets ſoulevés, ſe trouva fort embarraſſé pour la faire exécuter : il demanda d'abord du ſecours à ſes alliés des ſept Cantons en vertu du traité de 1580 ; ſoit prudence ſoit *déſapprobation*, les Cantons catholiques dont quatre ſont populaires, ne voulurent point ſe mèler de cette affaire ; alors l'Evèque ſe tourna en 1740 du côté de la France : Berne qui ne ſouciait pas de troupes étrangères ſi fort dans ſon voiſinage, offrit ſes ſervices, mais on n'en avait plus beſoin ; quelques régimens français & quelques tètes coupées conſtatèrent la juſtice des prétentions de la cour ; les mutins furent défarmés & les plus faibles comme de coutume condamnés aux frais.

Il eft certain en général que c'eft un beau & bon pays que l'Evêché de *Bâle*, & qu'un Evêque peut aifément être fort heureux lui-même & rendre fon peuple heureux, s'il fait refpecter les divers privilèges de fes fujets : reftreindre la fureur des procès, détruire plufieurs préjugés contraires aux progrès de l'agriculture, employer plutôt auprès de fa perfonne & dans fes confeils les nationaux que les étrangers, alléger le poids des droits féodaux, conferver l'efprit d'une faine tolérance fi néceffaire furtout quand on a des fujets des deux communions, ne faire cas de la nobleffe qui l'entoure que quand elle légitime par des vertus réelles le hafard des feize quartiers, voilà fa tâche, & s'il la remplit, il en fera bien récompenfé par la vue du bonheur de fes peuples & le cri de leur reconnaiffance...mais qu'ils prient le ciel que leur Evêque n'ait pas la fureur de la chaffe, car les loix germaniques ne leur permettront pas de fe délivrer du cerf ou du fanglier qui ruine leur moiffon & vit de leur pain, & ils feront obligés de quitter les plus preffants travaux d'agriculture pour *tráquer* dans les forêts, toutes les fois qu'il plaira au prince d'en faire des chiens de chaffe. On ne peut que bénir Son Alteffe actuellement régnante d'avoir diminué l'armée de fangliers qui ravageait avant lui plufieurs diftricts de l'Evêché. J'aime à voir un Evêque dans les Eglifes, les hôpitaux & les féminaires de fon

diocèfe, j'aime à le rencontrer au milieu de fon
troupeau le crucifix d'une main & la bourfe de
l'autre; mais quand il porte des armes, quand
il eft fuivi de piqueurs & de chiens & que le bruit
du cor l'annonce, c'eft alors que le payfan fe cache au lieu d'attendre fa bénédiction épifcopale,
& qu'il méconnaît en lui le ferviteur d'un Dieu
de paix & le miniftre de fa bienfaifance & de
fes confolations. Sans doute il faut refpecter
les droits de chaffe, mais l'agriculture eft bien
plus refpectable : fans doute il faut à la nobleffe
défœuvrée des renards, des cerfs & des fangliers,
mais dans ce fiècle fi différent des précédens,
on commence à croire qu'il faut auffi que le
payfan vive, que fa moiffon arrofée de fes fueurs
ferve à fa nourriture & non aux *plaifirs du Prin-*
ce, & que le produit du petit héritage qui entretient fa femme & fes enfans vaut mieux que
toutes les bètes fauves du monde....

Il eft rare de voir un *Suiffe* proprement dit
parvenir à cet épifcopat; l'entrée au *grand Cha-*
pitre leur devient très-difficile, d'un côté parce
que la nobleffe *Alfacienne* trouve fon intérèt à
les écarter, & de l'autre, parce que le nombre
des familles à feize quartiers eft bien petit
dans les Cantons *catholiques.* L'Evèché de Bâle
renferme feul plus de nobleffe chapitrable que
tout le *corps Helvétique.* Ce n'eft pas que dans
plufieurs Etats & villes de la *Suiffe*, il n'y ait de
bons gentilshommes & quelques anciens barons;
dont les titres d'une authenticité inconteftable
remontent jufqu'au douzième & même jufqu'au

onzième fiècle ; mais la plupart de ces maifons furtout chez les *proteftans* fe font méfal-
liées. Il faut bien fe gárder de croire que quiconque fe dit *noble* parmi nous puiffe en produi-
re les preuves ; il y a furtout dans la *Suiffe* oc-
cidentale une *roture* qui en vertu des fiefs qu'elle
a achetés, prend hardiment le *de*, depuis quelques années plus que jamais. On diftingue très-
aifément cette nobleffe moderne de l'ancienne,
à ce qu'elle eft plus vaniteufe & moins populaire,
qu'elle méprife plus hautement le commerce, les
arts & les métiers qui ont enrichi fes grands
pères, & que rien n'égale fon orgueil peut-être...
que fon inutilité. Dans le *pays de Vaud*, tel fief
qui change de poffeffeurs fouvent dix fois dans
un fiècle a fait dix barons ou du moins dix
foi-difant gentilshommes qui en gardent le titre. Tel eft noble du nom de fa ferme originaire ou d'une mafure à girouette qui a à peine
le vol du chapon. Telle famille dont le nom
commençait heureufement par la quatrième lettre de l'alphabet, s'eft anoblie d'un trait de plume, en plaçant une apoftrophe entre ce *d* fi
effentiel & la voyelle qui le fuit pompeufement
érigée en *lettre capitale*, & rien de plus commun que de voir des riches étrangers crus nobles en *Suiffe*, parce qu'ils difent qu'ils le font
& que leurs domeftiques en jureraient au befoin. Il eft une manie contre laquelle on réclame en vain depuis long-tems, une manie tout-
à-la fois ridicule & ruineufe qui travaille la *Suiffe*
françaife plus que tout autre pays, c'eft de

vouloir fortir de fon état : le payfan des villages
veut devenir bourgeois citadin, le bourgeois
cherche à attraper des lettres de nobleffe de
manière ou d'autre, & le gentilhomme n'eft
point content s'il n'eft titré ou décoré : tandis
que dans la *Suiffe allemande*, le payfan quelque
riche qu'il foit refte ce qu'il eft, & le bourgeois
eft affez fage pour ne pas vouloir d'un *dé* que
telle conftitution l'autorife à porter. A la morgue
infupportable & aux prétentions exaltées de notre nobleffe moderne, il ferait à craindre en
Suiffe, fans la fageffe de plufieurs régences qui
y met un frein, qu'on ne vit arriver une révolution bien fingulière qui nous ramènerait au
trifte temps de la puiffance féodale.

Il eft encor parmi nous une *illuftration* contre laquelle la patrie s'élève au tribunal de la
raifon ; illuftration fi vantée par les uns, fi re-
cherchée par les autres, illuftration fondée fur
le fang & fur le carnage, illuftration qui depuis
quelques années fe fait ridiculement configner
dans de gros volumes & fouille plufieurs pages
de nos meilleurs ouvrages nationaux par d'in-
dignes flatteries..... C'eft *l'illuftration militaire:*
Il ne tiendrait pas à tel de nos écrivains de
nous perfuader que les vainqueurs de *Mor-
garten*, de *Morat*, de *Dornach*, étaient tous
gentilshommes, & que la *Suiffe* doit fon indépendance à la nobleffe.... oui, à la nobleffe en-
nemie née de la liberté par état autant que par
préjugé, & dont le *métier eft d'être Royalifte*. Certes, l'illuftration militaire eft honorable & glo-

rieuſe quand on l'a acquiſe au ſervice de ſa
patrie; mais quand elle eſt le prix d'un ſang
vendu à des étrangers qui n'ont aucun rapport
avec elle... la patrie la déſavoue & l'humanité
en a horreur. Car ſur quoi repoſe-t-elle cette
illuſtration que donne à une famille les grades
acquis dans les ſervices étrangers? le plus ſouvent ſur les cadavres de ſes braves concitoyens,
obſcurs plébeiens il eſt vrai, mais qui ſe ſont
fait tailler en pièces pour que leur égal qui
les a menés à la boucherie, ou qui en a fait une
branche de commerce, jouiſſe de la gloire & de
la récompenſe que lui procurera leur ſang perdu pour la patrie, & vienne peut-être avec un
titre de plus, mépriſer inſolemment cette claſſe
inférieure qui a tout fait pour lui ſans qu'il ait
rien fait pour elle (*).

En général l'eſprit de nobleſſe ſi répandu parmi nous, de quelque manière qu'on l'ait acquiſe
ou qu'on la poſſéde, annonce, il faut le dire
hardiment, la décadence du véritable eſprit pa-
triotique auquel il va ſuccéder; ce n'eſt proprement & à le bien définir qu'un *égoïſme de
famille* très-oppoſé à l'amour de la patrie qui ne
ſe

(*) Il faut en excepter non ſous le point de vue
moral, mais ſous ce point de vue *politique*, le ſervice
de *France*. Les liaiſons étroites & anciennes de cette
couronne avec la *Suiſſe* ſont un des boulevards de notre indépendance, & la ſervir & la défendre, c'eſt à
peu près ſervir & défendre ſa patrie.

fe foutient que par l'égalité & fans lequel aucune république ne pourra fubfifter longtems....
mais il eft inutile de lutter contre ce préjugé
qui dans un prétendu fiècle philofophique gagne à vue d'œil : il faut fe borner à dire
comme un vieux *Zuricois; les nobles ne nous laif-*
fent plus de place dans le Temple de la gloire, mais
confolons-nous, ils nous en laiffent au moins dans
le Temple de la Vertu.

(*) LETTRE III.

LA plaine que domine *Delémont* eft riche &
bien cultivée ; on la traverfe dans fa largeur pour
fe rapprocher des montagnes : on voit la *Sorne*
qui l'arrofe fe réunir à la *Byrfe* non loin du chemin, & l'on va s'enfoncer dans les vallées profondes qui coupent obliquement la grande chaîne du *Jura.* Au village de *Correndelin* commence
la Prévôté de *Moutiers-grand-val*; ce petit pays

(*) Cette lettre & la fuivante ont déja été inférées
dans les *Etrennes Helvétiennes* de 1788, fous le titre
de *Courfe dans la partie Helvétique de l'Evêché de Bâle :*
mais ici elles font plus étendues & corrigées de quelques erreurs & inexactitudes, auxquelles des informations mal faites ou mal comprifes avaient donné lieu.

F

compofé de plufieurs vallons contigus, attîre autant l'attention par fa conftitution politique que par fa conformation phyfique. L'obfervateur de la nature & des hommes y trouve une riche fource de fentimens & de réflexions. C'eft d'un côté, un mélange prefque invraifemblable de priviléges, d'immunités, d'hommages & de fervitude, qui pendant plufieurs fiècles a caufé un conflit perpétuel entre le Prince & les fujets : c'eft d'un autre côté, une nature qui offre les traits d'un bouleverfement univerfel, où l'on découvre à chaque pas l'empreinte de ces cataftrophes deftructives, dont la date & le fouvenir antérieur aux annales des peuples, n'empêchent pas le phyficien d'y démêler les veftiges des plus étonnantes révolutions. Ce double fpectacle fixe l'efprit & les yeux de tout étranger curieux de voir & de s'inftruire, qui ne traverfe pas notre patrie comme tant de voyageurs du jour, uniquement pour pouvoir dire à fon retour à *Londres* ou à *Paris*, *& moi auffi j'ai été en Suiffe.*

Tout le revers occidental du *Jura* eft plein de mines de fer, d'un grain gros, dur & luifant; leur exploitation eft un des grands revenus de l'*Evêque de Bâle* : il a pour cela de fort belles fonderies à *Correndelin* au bord de la *Byrfe*, & dans la proximité de forèts à lui appartenantes, où l'on fait à peu de frais tout le charbon néceffaire. Ce contrafte d'eaux écumantes qui meuvent de nombreux rouages, & de flammes qui couronnant d'immenfes fourneaux, s'échappent comme

du cratère d'un volcan : ce mélange de bruit,
de lumière & de chaleur, l'activité des opéra-
tions & la singularité des procédés néceſſaires
pour procurer ce métal, auquel nous devons la
plupart de nos biens & de nos maux, ſuivant
que l'agriculteur ou le ſoldat l'employent; font
de cette *ufine* un ſpectacle bien intéreſſant. Des
grains pierreux ſe fondent lentement dans un
profond creuſet, s'en échappent en torrent de
feu, ſe coagulent en maſſes triangulaires de
pluſieurs milliers de livres, & ces maſſes vont
bientôt chercher dans d'autres forges les lourds
marteaux qui les morcellent & les ſubdiviſent,
& les bras robuſtes qui leur impriment tant de
formes différentes.

Au ſortir du village de *Correndelin*, jettez un
dernier regard ſur la riante vallée de *Delémont*,
& entrez dans les gorges de *Moutiers*. Là pendant près de deux lieues d'un chemin gagné ſur
les rocs & les torrens, vous allez éprouver les
fenſations les plus neuves & les plus extraordinaires, au milieu, ſi je puis parler ainſi, des
fragmens d'un monde démoli & à l'aſpect du majeſtueux entaſſement des décombres d'une créa-
tion bouleverſée par quelque cataſtrophe ſupérieure à tout ce qu'on peut ſe figurer de plus
déſaſtreux & de plus terrible. Si *Milton* eut viſité
ces lieux, il n'eut pas manqué pour les peindre d'un mot, de s'écrier : *c'eſt le veſtibule du
cahos.* Le portique d'une telle ruine eſt de l'effet
le plus impoſant. Il eſt formé par deux rocs voiſins couronné de ſapins antiques, qui s'élèvent

à une hauteur immenfe.... Plus vous avancerez, plus votre furprife augmentera ; vous y
verrez d'une part la nature prodiguer avec une
étonnante profufion tout ce qu'elle a de majeftueux & de riche, en rocs, en eaux, en forêts
& en formes, & de l'autre ce défordre irréfifti-
ble qu'entraînent à leur fuite les inondations,
des tremblemens de terre, & fur-tout la marche
deftructive des fiècles, déranger, confondre &
bouleverfer la diftribution de ces tréfors.

Quand on s'engage dans le défilé & qu'on
s'arrète près d'une petite forge nommée le *Martinet*, on dirait que le Créateur a voulu donner
en grand le modèle des plus formidables fortifications : des murs, des baftions, des remparts
taillés à pics dans le roc font uniformément entaffés des deux côtés à une hauteur effrayante :
tels qu'une garnifon nombreufe, d'énormes fapins rangés en bataille hériffent de leurs noires
files ces fuperbes efcarpemens : ici, femblables
à ces tours qui flanquent nos vieux châteaux,
s'avance une faillie de roc, fur laquelle deux
ou trois arbres font en fentinelle; là, c'eft un
autre grouppe d'arbres jettés en avant du corps
d'armée, commè des enfans perdus qui vont à
la découverte. Au fond de la gorge, la *Byrfe*
fe déploye plus ou moins rapidement dans les
finuofités du canal qu'elle s'eft creufé : un grand
nombre de blocs détachés des hauteurs, s'élèvent du milieu de fon lit, comme autant d'îles
tapiffées de mouffe, chargées de jeunes fapins
& encadrées, les unes en blanc dans l'écume

de la rivière bouillonnante, les autres en bleu
dans le miroir de son eau plus paisible : rien
ne manque à cette mélancolique & sublime solitude pour en faire le premier des *jardins Anglais*,
que quelques habitations propres à rappeller à
l'ame absorbée l'homme & ses travaux champêtres ; un châlet, un toît pour abriter les troupeaux, seulement quelque banc jetté au hazard
sous un arbre, reposerait bien agréablement les
yeux fatigués de tous ces grands effets : on
trouve cependant çà & là sur cette route des
grottes naturelles, où les vaches vont ruminer
& dormir pendant la chaleur du midi, & qui
présentent au milieu des feux du jour un tableau
bien frais & bien rustique.

-En-delà du *Martinet* dont j'ai parlé, le passage s'élargit, & l'on entre dans une petite plaine
bien verte, divisée en divers compartimens par
les caprices de la *Byrse*. Là, au pied d'un roc
immense, & autour d'un vieux saule tombé dans
le courant, une pèche villageoise animait ce site
agreste, & des bras vigoureux soulevant un filet
quarré (*), qu'une double traverse étend au
bout d'une longue perche, enlevaient la truite
tachetée au moment de son passage & la jettaient
adroitement sur la pelouse.

Si la description de ces lieux parait monotone,
certainement la nature ne l'est pas ; si l'ensemble

(*) Dans le patois du pays ce filet s'appelle *claire-
bert.*

F 3

ſe reſſemble en quelques endroits, les détails
ſont par tout différens; ſi l'expreſſion eſt la même pour qui les décrit, l'impreſſion ne l'eſt pas
pour qui les voit. Mais c'eſt que la pauvreté de
la langue, l'indocilité du ſtyle, le manque des
termes analogues aux nuances & aux formes, la
néceſſité d'employer le même mot en divers ſens
& la même image pour différens effets, répan-
dent une ſécereſſe, un air d'apprèt & de répétition ſur les eſquiſſes que l'homme oſe hazar-
der : ſur toute cette route la nature ſemble faire
pour le peintre & le poëte un traité de *bucoli-*
ques, un cours de *ruines*, un eſſai de *payſages*,
où le gracieux & l'effrayant s'entremèlent ſans
ſe confondre : il faudrait un *Geſſner* pour mettre
tout cela en *idilles* ou en *deſſeins*, & malheureu-
ſement nous venons de le perdre !

Quand vous croyez que le défilé va bruſque-
ment finir, il ſe prolonge ſoudain comme par
enchantement, au-delà du vol même de l'imagination la plus hardie, & préciſément du côté
que la barrière des monts ſemble la plus impénétrable. Tout homme qui ne connaît que les
plaines y ſera trompé à coup ſûr, & de nouvelles vallées s'ouvriront ſubitement devant lui
ſans qu'il s'en doute, ou qu'il en ſoupçonne
ſeulement la poſſibilité. Ici, formant un angle
avec la première, une ſeconde percée s'ouvre:
en tournant pour y entrer, on laiſſe derrière ſoi
un hameau nommé *Vellerat*, qui ſemble dans le
lointain couper comme une ceinture la montagne du fond & s'alligner avec une bordure de

fapins , dans toute la largeur de la déclivité qui
domine les deux côtés de la gorge. Ici , encore
nouvelles fcènes , auffi étonnantes à voir & auffi
difficiles à décrire que les précédentes ! Vous vous-
trouvez tout-à-coup comme dans l'*arène* d'un
immenfe *cirque* de plufieurs lieues de contour,
dont les gradins fe perdent dans les nues . . . .
N'allez pas vous repréfenter quelque chofe dans
le faux goût & la, manière apprêtée d'un *temple
de Fée* qu'un *coup de baguette* aurait renverfé ;
non, dans ce vafte défordre, il y a encore fymétrie , & les irrégularités mêmes des maffes & des
formes confervent çà & là un refte frappant de
leur ordonnance primitive. Le tems & la *Byrfe*
ont détaché & amené de concert les matériaux
de cet amphithéatre aërien ; les déchiremens
convulfifs du globe ont mis à nud les diverfes
couches des montagnes ; des révolutions phyfi-
ques d'une prodigieufe antiquité ont imprimé à
ce majeftueux enfemble un caractère d'architecture inconnu aux Grecs & aux Romains ; des
arbuftes , des forêts , des tapis de gazon , des
teintes tour-à-tour éclairées ou rembrunies , lui
prodiguent des décorations d'une richeffe &
d'une mobilité inconcevable. Chaque fiècle, en
variant la confufion apparente du tout, a plus
fièrement contrafté les maffes , détaché les grouppes & deffiné les détails. O ! qui placerait dans
ces lieux magiques ces ames ardentes, ces gé-
nies de feu , qui dans les pays les plus fees &
les plus monotones ont peint ou chanté de fi
fublimes fcènes. . . . & la nature trouverait pref-

que ſes rivaux dans leurs tableaux & dans leurs
poëmes.

Ici ſur-tout, eſt bien remarquable le travail uniforme des eaux & du tems : dans une
exacte correſpondance des deux côtés, ils
ont ſymétriquement, en pluſieurs endroits, taillé des colonnes, aiguiſé des pics, dreſſé des
quilles, aplani des vaſtes tables, feuilleté d'im-
menſes rocs comme des ardoiſes, prolongé des
arêtes, qui à droite & à gauche deſcendent ſans
interruption du haut en bas de la montagne,
& creuſé une multitude de canaux plus ou moins
grands, tantôt à ſec, tantôt regorgeans de l'écoulement des pluyes ou des neiges, dont leurs
cavités ſont autant de réſervoirs. Cependant
quelques robuſtes & bien aſſis que ſemblent ces
rochers, pluſieurs d'entr'eux vieilliſſent, ſe pen-
chent, ſurplombent en avant & vont bientôt
s'écrouler ſur leurs dévanciers au fond de la
vallée, pour donner un nouveau travail à l'infatigable activité du torrent qui la traverſe. Ici,
vous en voyez dont la baſe ſe décompoſe, dont
les angles s'arrondiſſent, dont les faillies exté-
rieures ont été émouſſées par les vents, & les
frimats qui les battent depuis tant d'années ; là,
couchés, confondus & entaſſés, ils vous rappellent l'idée d'un cimetiere de géans, où telle
maſſe n'attend pour ainſi dire que ſon épitaphe.
O que l'homme eſt petit & éphémère devant ce
bloc ſoutenu par des décombres plus anciens,
ſur lequel on croit lire : *ci git depuis quinze ſiè-*
cles, qui pendant les trente précédents portait une

forêt de fapins au haut de la montagne ! Mais cette vieilleffe de la nature eft fi verte & fi vigoureufe, il y a une telle force de vie , de réproduction & de renaiffance, mêlée à l'apparence de la décrépitude & de la deftruction , qu'elle n'a point ce morne caractère de trifteffe , cette lugubre empreinte de défefpoir que préfente la vieilleffe de l'homme, aux yeux de quiconque a le malheur de n'appercevoir que le néant devant foi.

Pour voir ces grands objets comme je les ai vus, il ne faut pas traverfer ce pays au galop , ou nonchalemment couché dans une chaife bien fufpendue , en promenant de tems en tems des deux côtés du chemin un regard d'indifférence.... Non , non , voyageurs .... defcendez de vos carroffes ; faites aller vos chevaux au pas ; marchez vous-mêmes bien lentement ; arrêtez vous pour obferver les détails ; tournez vous en tous fens pour en mieux faifir l'enfemble ; n'éloignez ni les réflexions auxquelles fe livrera votre raifon, ni les comparaifons que votre imagination hazardera à l'afpect de ces fublimes tableaux : abandonnez-vous fans réferve au torrent de penfées que les fortes impreffions qui fécoueront votre ame dans cet étonnant défilé feront déborder .... Si du moins vous n'êtes pas du nombre trop commun de ces gens qui ont des yeux & qui ne voient point , pour qui toutes ces chofes font perdues , parce qu'ils n'ont pas le tact de la nature , & qui reftés froidement apathiques ne feraient dans ces lieux qu'une pierre de plus....

Bientôt on rencontre *Roche* , premier village
de la *Prévôté réformée* ; il eft petit ainfi que fon
domaine & le vallon qui les renferme; en général, foit dans les *Alpes*, foit dans le *Jura*, chaque peuplade a les limites de fes poffeffions
fixées par la nature même. Si dans quelques
endroits elle femble avoir prodigué le terrein ,
elle en eft très économe dans le plus grand nombre : la population doit par conféquent fe pro-
portionner à l'efpace fufceptible de culture; fitôt
qu'elle excède ce rapport naturel , il faut ou
l'expatriation pour décharger le fol de ceux qu'il
ne peut nourrir , ou l'établiffement de métiers
& de manufactures pour fuppléer par le commerce extérieur à la difette intérieure : de ces
deux reffources, la premiere eft plus ufitée dans
les *Alpes* & la feconde dans le *Jura*. Avec une
population furabondante, il n'y a pas une fabrique dans les petits *cantons Catholiques* , dans le
Vallais , dans les *Grifons* , tandis que dans toutes
les vallées de la *Suiffe occidentale* on trouve par-
tout des horlogers, des lapidaires , des fileufes
de coton , des faifeufes de dentelles , des ouvriers
en rubans, en bas & bonnets de laine , & une
foule de bras occupés à fondre le fer ; & fur-
tout à le mettre en œuvre pour tous les ufages
poffibles, dans les forges & atteliers fans nombre qu'on rencontre de tout côté , fans que
cependant les foins de l'agriculture & des troupeaux foient vifiblement négligés.

Dans ces vallons étroits, refferrés entre des
rocs écroulés & des monts menaçans , dont le

torrent difpute encore une partie aux travaux
du laboureur, on s'étonne de ce que l'homme
peut habiter en paix au milieu de ce conflit
des élémens & de cette foule de dangers rangés
en bataille contre fa frêle exiſtence ; mais il
faudrait auſſi s'étonner de ce que le matelot
peut dormir fans alarmes fur fon vaiſſeau : foit
confiance dans le Ciel protecteur, foit perſuaſion
du dogme d'une fatalité inévitable , le payſan
des montagnes vit en auſſi grande fécurité dans
fa maiſon , que menace un roc énorme qui
femble avoir perdu fon aplomb , que fi elle étoit
fituée au milieu d'une vaſte plaine ; changer
de place felon lui , ne ferait que changer de
péril.

L'étroit vallon de *Roche* fe termine à l'autre
bout par un nouveau défilé aſſez femblable dans
la defcription , mais non dans la réalité , à celui
qu'on traverfe pour y entrer. Deux rocs minés
par-deſſous , & dont les fommets font fi rapprochés que les branches des énormes fapins qui
leur fervent de panache fe toucheront bientôt ,
forment l'arc de triomphe fous lequel il faut
paſſer : c'eſt ici que l'effroi fufpend en quelque
forte le noble fentiment de l'admiration, & qu'on
voit bien que la *nature ne badine pas* : morne,
févère & terrible , elle femble menacer en filence
quiconque s'arrète à la contempler : magnifique
& richement variée juſques dans ces finiſtres
beautés, c'eſt toujours la nature.... mais là
nature irritée , qui déploye en horreurs tout le
luxe qu'elle déploye autre part en graces, &

qui s'effaye dans le genre affreux comme elle
s'effaye ailleurs dans le genre agréable; Tout
rappelle ce mot de Sénéque le tragique ; *torva ma-
jeftas Deo : vultus eft illi Jovis , fed Jovis fulmi-
nantis*. On fe croirait ici dans le champ de bataille des Titans contre les Dieux, maffe fur
maffe, couche fur couche, bande fur bande....
le tout en roc fouvent nud, quelquefois décoré
de ceinture de fapins, de feftons d'arbuftes,
d'écharpes de gramens, tour-à-tour uni fur le
fommet, crénelé comme les murs de nos antiques cités, ou couronné de fombres forêts,
dont plufieurs arbres renverfés par les tempêtes
ou la vieilleffe, pendent la tête en bas & ne
tiennent plus qu'à quelques racines fortement
engagées dans les fentes : placés au fond fur le
bord de la rivière, comme dans la cour intérieure
d'un édifice circulaire, vous vous tournez de
tout côté, & de tout côté vous voyez s'arrondir
les mêmes ceintres dans une courbe fi régulière
qu'on dirait, que le compas d'un géomètre en a
deffiné le plan & tracé les vaftes contours.

Après une pluye, on remarque çà & là des
cafcades d'un genre gracieux, qui contraftent
avec l'impofante majefté de tout le refte : ce font
des filets d'une eau bleue, ou des nappes blan-
ches d'écume qui fe mêlant à la mouffe dont
eft tapiffé le rocher le long duquel elles coulent,
forment une efpece de tableau inimitable par
l'indécifion de fon mouvement & de fa couleur.

En avançant fe préfente le pont de *Pennes* ;
ce nom lui vient de ce que les deux bandes de

rochers qui couronnent les montagnes à droite
& à gauche de cette gorge étroite, peuvent affez
bien fe comparer aux ailes étendues d'un grand
oifeau : comme ce pont eft le feul fur touté
cette route qui foit à la charge du *Prince Evêque*, il a fait fceller dans le mur même une
grande croix de fer, pour le diftinguer de tous
les autres qui font à la charge du pays, ainfi
que les chauffées. Le lieu où ce pont eft jetté,
eft prefque une cheminée : au bas il y a place
à peine pour la *Byrfe* & le chemin; l'ouverture
d'enhaut n'admet pas le foleil plus d'une heure
par jour, & l'humidité, la fraîcheur fombre &
le bruit qui règnent dans cette caverne impriment un fentiment de trifteffe & d'inquiétude
à l'ame de quiconque s'y arrête un moment
pour fe livrer à fes réflexions.

Sur une avance de rocher près de quatre-vingt
pieds au-deffus de la route, eft un échafaudage
en bois, dont on ignore l'origine : le peuple
prétend que c'était jadis l'hermitage de *Saint-
Germain* patron & fecond abbé du couvent,
devenu enfuite chapitre de *Moutiers*; ce religieux, qui dans le feptième fiècle convertit les
habitans de ces âpres vallées, & ouvrit une
route entre les rochers alors impraticables, finit
dit-on, par être la victime de la cruauté de deux
freres tyrans de ce pays, qui follicités par lui
d'être moins barbares, & fans doute de laiffer
fon couvent en paix, payerent fes remontrances
en lui procurant les honneurs du martyre, ainfi
qu'à *Randevald* fon compagnon ; mais les gens

fenfés y voyent une éfpèce de corps-de-garde
bien plus moderne, d'où quelques hommes armés
de pierres pouvaient affommer tout à leur aife
les paffans : quand en 1499, pendant la guerre
de *Souabe*, les troupes de la *Franche-comté* rava-
gerent la *Prévôté* qui avait donné du fecours
aux *Bernois* contre la maifon d'*Autriche* ; quand
enfuite pendant la guerre de trente ans, les *Suédois* maîtres de *Porentru* & d'une partie de l'Evèché, après avoir forcé l'Evèque *Henri* d'*Oftein* à
fe retirer en 1637 dans le canton de *Soleure*,
s'approchèrent de la frontière *Helvétique* qu'ils
n'ofèrent entamer néanmoins, il eft à croire &
une tradition répandue dans le pays le confirme,
que les braves de ces vallées défendaient du haut
de ce retranchement cet important paffage, &
que fuivant la tactique alors ufitée en *Suiffe*, ils
écrafaient de loin des ennemis contre lefquels
ils étaient trop inférieurs en nombre pour fe me-
furer de près. Tout près de ce pont était ci-
devant dans le voifinage d'une fraîche cafcade, un
roc taillé en forme de fiège ; c'était là que les
moines de *Moutiers* terminaient leurs promenades & fe livraient à la méditation, au milieu
du grand fpectacle que la nature offrait à leur
vue. Quand on a dernièrement fait la belle
chauffée qui traverfe le *Munfterthal*, on a été
obligé de facrifier ce monument d'antiquité, où
l'ame fe plaifait à s'entourer du fouvenir de tant
de pieux folitaires qui l'ont jadis fréquenté ;
mais la place s'appelle encore la *réclame de St.
Germain.*

Un peu au-delà les rochers finissent brusque-
ment. Tout-à-coup s'ouvre au regard étonné,
vers la fin des deux chaînes de montagnes paral-
leles, un vaste espace qui se termine à l'horison
en forme de croissant ; dans le fond une colline
bien boisée ferme comme un rideau la scène
qui se prolonge. Ici, l'œil délivré de l'esclavage
où l'a tenu le défilé dont on sort, se promène
librement à droite & à gauche dans une riante
vallée, où l'on arrive par le milieu ; il erre avec
plaisir sur les pentes vertes du *Jura*, chargées
de métairies & de troupeaux, & distingue les
cîmes aëriennes du *Hasenmatt* & du *Visenstein*,
qui dominent *Soleure*, le cours de l'*Aar* & l'une
des plus belles & des plus fertiles provinces de
la *Suisse*.

Passons maintenant de la nature à ceux qui
l'habitent, & arrètons-nous au village de *Mou-*
tiers chef-lieu de la *Prévôté*, pour jetter un
coup-d'œil sur l'historique & sur l'état politique
de cette contrée, jusqu'à présent si peu connue
& si digne de l'être.

La Prévôté de *Moutiers-grand-val*, (en allemand *Munsterthal*) a huit lieues de longueur
sur quatre à cinq de large : elle contient trente-
neuf villages ou hameaux, qui forment vingt-
huit communes, partagées en neuf paroisses.
Les cinq supérieures comprises sous les deux
grandes mairies de *Moutiers* & de *Malleray*,
s'appellent la *Prévôté sur les Roches* & sont réfor-
mées : les quatre inférieures qui composent la
mairie de *Correndelin* sont restées catholiques &

forment la *Prévôté fous les Roches*. La diverſité
de culte n'empêche point ces deux parties d'a-
voir une parfaite communauté d'intérêts & de
privilèges fous le même régime civil. Ce pays,
dont la population peut aller actuellement au-
delà de 7000 ames, n'était dans le feptième
ſiècle qu'une vaſte & fauvage forêt, traverfée
par le chemin Romain qui paſſait à *Pierre-Per-
tuis*. Un couvent fondé en 630 par *St. Germain*
procura dans fes alentours des défrichemens &
des habitations : le village de *Moutiers* doit à
ce monaſtère & fon origine & fon nom ; car
dans le patois d'une partie de la Suiſſe, *Motti*
ſignifie un temple, par une dérivation du vieux
mot français *Moutiers* ou *Monſtiers* qui vient
lui-même du *Monaſterium* des Latins. Ce *St.
Germain* était d'une bonne maiſon de *Trèves* ;
la réputation de fon favoir & de fa vie exemplaire le fit appeller par *Gondonius* duc d'*Alface*,
maître de cette partie du mont *Jura*, qui lui
bâtit & dotta le couvent de *Moutiers* : à la mort
de ce prince, fes deux fils *Athicus* & *Catelmon-
dus* voulurent reprendre les donations que leur
pere avait faites à ce couvent, tourmentèrent
les moines, vinrent à *Moutiers*, l'un par la vallée de *Sornettan* & l'autre en remontant la *Byrfe*,
& maſſacrèrent, comme nous l'avons déja dit,
St. Germain qui leur faifait des repréfentations
fur leurs mauvais procédés.

Carloman, fils de *Pepin*, confirma à ce couvent en 770 les pieufes largeſſes de fon père &
de fa mère ; quatre chartres très-authentiques
lui

lui affurèrent fes domaines & les augmentèrent:
par la première de l'an 849, l'Empereur *Lothaire*
affranchit ce couvent de toute autre puiffance
que de celle des comtes d'*Egisheim*, & lui remit
tous les droits péeuniaires de l'Empire, & cela
pour l'entretien des religieux & la *nourriture
des pauvres.* La feconde de fon fils *Lothaire*, roi
de Bourgogne, corrobore & ratifie la précédente
en 866, *afin d'avancer le falut de fon pere & de
fa mere*, dont il avait quelque raifon de douter.
La troifième de ces chartres en date de 884, eft de
l'Empereur *Charles le Gros* qui donne au couvent
le val de *St. Ymier & Reconvillers.* Par la dernière,
Conrad roi de *Bourgogne*, rétracte en 957 les conceffions précédemment faites aux comtes d'*Egisheim* qui en abufaient, en difant : „ que les befoins
„ de fon père l'ayant forcé d'engager ce couvent,
„ les comtes d'*Egisheim* en avaient fait leur pro-
„ pre, & dépouillé le monaftère d'une partie
„ de fes biens ; qu'ayant confulté fa cour pour
„ favoir, fi un couvent de fondation royale pou-
„ vait être aliéné, elle avait décidé que non,
„ & qu'en conféquence il reprenait à lui ce
„ couvent & lui rendait tous fes droits & do-
„ maines précédens ". Bientôt après la pieufe Reine *Berthe*, fi fameufe par fes fondations d'E-
glife dans la *Suiffe occidentale*, en fit bâtir
une à *Moutiers.* En 999, *Rodolph* III, dernier Roi de *Bourgogne*, donna un diplôme à
l'Evêque de *Bâle Adelbert*, dans lequel il dit,
qu'à la recommandation de fa femme *Ageldrude*,
& pour dédommager l'Eglife de *Bâle* des pertes

G

qu'elle avait faites durant la guerre, il lui cédait
en toute propriété le couvent de *Moutiers-grand-*
val, (*Grandfeld*) avec tous fes domaines ; &
pour plus de fûreté, il fit confirmer cette dona-
tion par l'Empereur *Othon* III, par fes grands
vaffaux & par les Evêques de *Sion, Laufanne &*
Genève (*).

Près de quatre-vingt ans après, ces moines qui
étaient de l'ordre de *St. Benoit* ayant pris le
parti du Pape dans fes longs démêlés avec l'Empereur *Henri* IV, dont leur Evêque *Bourcard*
de Hazembourg foutenait les intérêts, fe brouil-
lèrent fi vivement avec lui, que ce prélat altier
les chaffa du pays, & leur fubftitua un *Chapitre*
de chanoines avec un *Prévôt* en tète qui fubfifte
encore à *Delémont.* Dès lors ce chapitre qui
porte le titre d'*infigne,* eut la plus grande part
à la régence de cette vallée, dont il était pour
ainfi dire le feigneur temporel & fpirituel, fous
la fuzeraineté de l'églife de *Bâle.*

En 1272 la Prévôté fut ravagée par le comte
Rodolph de Hapsbourg, depuis Empereur, qui
dès longtems était en guerre avec l'Evêque *Henri*
de Neuchâtel. Amedée, comte de *Neuchâtel,* fon
proche parent l'ayant affifté dans ces différens,
s'attira la haine du terrible *Rodolph,* qui l'affiè-
gea deux fois inutilement dans fon château, &
qui indigné de n'avoir pu le forcer, fe vengea

(*) Nous renvoyons pour la teneur de ces *chartres* à
l'*Alfatia diplomatica* de *Schœpflin,* où elles font rap-
portées dans leur entier.

cruellement, en faifant couper les jambes à cinquante prifonniers *Neuchâtelois* (*) L'an 1,67,
l'Evêque *Jean de Vienne* ayant pris querelle avec
les *Bernois* à l'occafion de *Bienne*, la Prévôté
fouffrit beaucoup de fon humeur belliqueufe ;
elle fut faccagée & pillée par les troupes de ce
canton & de fes alliés : les *Soleurois* brûlèrent
même le couvent de *Moutiers* & battirent l'Evêque guerrier près de ce village.

Enfin la paix fe fit au moyen de 3000 goul-
des que les Bernois payèrent à l'Evêque pour
l'indemnifer de tout le mal qu'ils avaient fait
dans fon pays ; mais fuivant la coutume la perte
fut pour les fujets & le dédommagement pour
le Prince. L'Evêque *Jean de Fleckenftein*, dont
la mémoire doit être à jamais chère aux habitans de la Prévôté, non feulement confirma leurs
anciennes franchifes, mais il leur en donna de nouvelles en 1430. Cependant il eft à croire qu'elles
fe feraient perdues infenfiblement fous fes fucce-
feurs, vû le peu de refpect qu'ont en général les
Souverains pour les privilèges donnés aux fujets
par leurs dévanciers, fans un incident affez bi-
zarre, qui procura à la *Prévôté* le puiffant protecteur qu'elle a encore & auquel elle doit en
grande partie le bonheur dont elle jouit.

La charge de *Prévôt* du chapitre de *Moutiers*

(*) Cette anecdote, qui ne fait pas honneur à cet
Empereur fi vanté, fe trouve dans la chronique manuf.
crite de *Neuchâtel*, 3 vol. in-folio.

était jadis très - ambitionnée : *Jean d'Orßingen.*
l'ayant abdiquée en 1486, deux rivaux se la
disputèrent avec vivacité ; *Jean Mayer*, bourgeois de Berne & curé de *Buren*, avait pour lui
la recommandation de l'ancien Prévôt qui avait
réfigné en fa faveur, & une bulle d'invaftiture
d'Innocent VIII : fon compétiteur, *Jean Pßffer
de Lucerne* avait la nomination de l'Evêque *Gaf-
pard de Zurhein*, qui prétendait être collateur
de ce pofte & le fuffrage de la pluralité des
chanoines. Le chapitre préférant ce dernier
donna l'inveftiture à *Pßffer*, qui ayant appris
que *Mayer* devait arriver inceffamment avec un
petit cortége de *Bernois* la plupart fes parens
& fes amis, pour prendre poffeffion de fa dignité,
pria le Maire de *Delémont* de venir avec quelques troupes de l'Evêché s'oppofer à fon paffage :
ils n'eurent pas de peine à le repouffer, mais
peu après *Mayer* qui avait imploré le fecours de
Berne, foutenu de la milice de *Buren* & des
environs, vint à main armée mettre fon titre
en valeur. Ces troupes chafsèrent *Pßffer* & s'em-
parèrent de la *Prévôté* & de la montagne de
Dieffe, ce qui néceffita un accommodement entre
le canton & l'Evêque, par lequel la bulle du
Pape fut reconnue valable, *Mayer* déclaré légi-
timement élu, & la *Prévôté* cédée aux *Bernois* pour les frais de cette croifade : peu de
tems après l'Evêque vint en perfonne à *Berne*,
accompagné de plufieurs gentilhommes & magiftrats de *Bâle*, *Fribourg* & *Bienne*, pour réclamer
la reftitution de la *Prévôté*; on la lui rendit fans

difficulté, fous la condition expreffe que la *com-bourgeoifie étroite* que là République avait faite avec ce petit pays , fubfifterait dans toute fa force & ferait itrévocable , & qu'il donnerait aux *Bernois* la fomme de 5000 livres pour les dédommager de toutes les dépenfes de cette petite guerre, que le zèle fervent qu'ils montraient alors pour les bulles du Pape avait autant occafionnée, que la protection qu'ils devaient à leur concitoyen pour le maintenir dans fon droit.

· Cependant le premier fruit de cette combourgeoifie ne fut pas fort doux; confidérée dès lors eomme *Suiffe*, & ayant joint dans la guerre de *Souabe* fa banniere à celle de fes nouveaux protecteurs, la *Prévôté* fut cruellement défolée la dernière année du quinzième fiècle, par les troupes de la *Franche-Comté* appartenant alors à la maifon d'*Autriche* en guerre avec les *Cantons*; il eft même à croire que l'Evèque de *Zurhein* qui vivait encore & dont toutes les autres terres furent refpectées comme étant du *Corps Germanique*, ne fut pas fâché que fes fujets, trop fiers peut-être de leurs liaifons récentes avec des voifins qu'il n'aimait pas, reçuffent cette leçon bien propre à les en détacher.

Trente ans après, la réformation qui s'était introduite en divers Cantons fut portée par *Farel* dans la *Prévôté*, commença par *Tavannes* & s'établit en 1529 à la pluralité des fuffrages, dans une partie du pays. L'Evèque, & les Chanoines de *Moutiers* s'y oppofèrent en vain; les *Bernois* qui étaient alors dans toute la ferveur

G 3

d'un premier zèle, la foutinrent & la firent
enfin triompher dans le *Val d'Orval*, dans le
grand *Val* & dans le *petit Val* : ils y envoyèrent
même des pasteurs à la réquisition des paysans,
qui se plaignaient également & de l'ignorance
dans laquelle on les laissait vivre, & de fortes
amendes que le chapitre leur imposait pour les
plus légeres fautes. Les chanoines se retirèrent
alors à *Soleure* dont ils étaient combourgeois, &
bientôt après à *Delémont*, où ils ont fixé leur réfidence. Pendant quelques années il y eut des
démêlés fort vifs entre le chapitre & le peuple
qui demandait tout à la fois aux chanoines la
possession de l'Eglise Collégiale de St. Germain,
une pension pour les ministres & des mœurs
plus décentes & plus exemplaires : enfin en 1535
pour l'interposition de *Soleure* en faveur du Chapitre & de *Berne* en faveur du peuple ; le Chapitre céda une des deux Eglises, & contribua
aux pensions des Ministres, & le peuple satis-
fait s'engagea à lui payer comme ci-devant les
dixmes, censes & redevances qu'il prétendait,
même celles dont les titres étaient perdus. Las
sans doute des altercations que la différence de
culte occasionnait quelquefois, le prévôt *Fette-
rich*, qui était en même temps chanoine de la
Cathédrale de Bâle ; donna pour sa vie son fief
de jurisdiction à l'Evèque *Chriftophe Blarer de
Vartenfee* en 1588, moyennant 200 livres de
rente ; ensuite le Chapitre, trois ans après, céda
à perpétuité pour lui & ses Prévôts futurs ce
même fief de jurisdiction moyennant 250 L. Bâ-

loifes (500 livres de France environ) qu'il retire encore annuellement.

Il s'eft élevé de tems. en tems des difficultés fur les franchifes de ce pays, qui ont néceffité entre *Berne* & l'Evèque divers traités :
le plus important eft celui d'*Arberg* conclu en
1711, qui cantonna les *réformés* dans la partie de
la *Prévôté* nommée *fur les Roches*, & les *catholiques* dans la Mairie de *Correndelin* dite *fous les
Roches*. Depuis le commencement du feizième
fiècle, la Prévôté n'a eu aucune part aux malheurs militaires qu'a effuyé la partie *germanique* de l'Evèché : quand pendant la guerre de
30 ans, cette dernière a été occupée par les
Suédois, le duc de *Veymar* qui avait fon quartier
à *Delémont*, ordonna aux habitans de la *Prévôté* de lui envoyer des députés pour régler les
contributions & les fubfides qu'il voulait en tirer; mais ils lui firent favoir qu'ayant confulté
leurs combourgeois de *Berne*, on leur avait dit
qu'ils étaient *Suiffes* & par conféquent dans la
neutralité, & que de plus on leur avait envoyé
des troupes pour faire refpecter leur frontière; &
en effet, elle fut refpectée, tandis que le refte
du pays était défolé tour-à-tour par les *Suédois*,
les *Français* & les *Impériaux*. A ce tableau hif-
torique de la *Prévôté*, joignons fon tableau politique.... Ce pays appartient comme *fief d'Empire* à l'Evèque de Bâle, feul juge compétant
pour le criminel : mais pour le civil il y a appel
de fon confeil à *Vetzlar* ou à *Vienne* au choix
de la partie appellante, quand l'objet en litige

G 4

excéde la fomme de 500 florins : le fpirituel &
le matrimonial des *réformés* appartient à *Berne* ;
mais les amendes qui en réfultent font au Prince : l'Evêque nomme à deux cures, le chapitre
de *Delémont* à deux autres, & l'abbé de *Bellelai*, à la cinquième ; le pafteur nommé fe préfente à *Berne* pour y être confirmé, & à *Porentru*
pour demander la protection du Souverain &
lui prêter ferment de fidélité, fi c'eft un étranger ; ces pafteurs pris ordinairement d'entre les
fujets *réformés* de l'Evêché font membres de la
claffe de *Nidau*. Toutes les années un eccléfiaftique *Bernois* vient vifiter ces Eglifes, en foi-
gner la difcipline & y diftribuer aux enfans des
catéchifmes, des pfaumes & d'autres livres
d'inftruction *chrétienne* aux fraix de l'Etat qui
l'envoye : tous les trois ans un fénateur de *Berne* appellé *haut infpecteur* s'y rend en perfonne
& porte un coup d'œil attentif fur les libertés
fpirituelles du pays.

Le militaire ou la bannière appartient au pays
même : le canton de *Berne* a le droit en vertu
de fa combourgeoifie de demander des troupes
toutes les fois qu'il en a befoin ; le feul cas réfervé, où cette république ferait en guerre avec
l'Evêque de *Bâle*, alers la *Prévôté* doit garder
la plus exacte neutralité. Un membre de l'Etat
porte toujours le titre de *haut commandant du
Munfterthal* & en fait les fonctions, lorfque les
troupes de la *Prévôté* font réunies à celles de
Berne. Comme ce font les *Prévôtois* eux-mêmes
qui poffèdent & gardent leur bannière, à laquelle

ils font tous liés par ferment, c'eft auffi à leur
Bandelier ; que foit l'*Evêque*, foit *Berne* s'addref-
fent directement, quand ils veulent des troupes :
le *bandelier* alors affemble les députés des communautés, fixe le contingent de chacune & nomme les officiers. Voici la lifte des divers fecours
fournis à *Berne*, dont le dernier fort de toute
proportion avec la population de ce petit pays.
En 1535, trente hommes pour le fecours envoyé à *Geneve* ; en 1572 & 1589, chaque fois
quatre-vingt hommes pour la défenfe du *pays de
Vaud*; en 1653, cent-cinquante hommes contre
les payfans révoltés; en 1712, lors de la guerre
civile, fix-cent hommes : l'Evêque en réclama
inutilement la moitié pour la garde de fon pays :
de ce dernier contingent, deux-cent qui étaient
catholiques furent placés fur les frontières du canton de *Fribourg*, & renvoyés avant la fin de la
guerre; les quatre-cent autres qui étaient *réformés*, furent cantonnés fur les frontières d'*Undervald*, où ils firent quelques courfes pour en-
lever des troupeaux. Ces milices n'ayant point
d'uniforme étaient la plupart vêtues de noir. . . .
Quant aux recrues pour les fervices étrangers,
le *Prince-Evêque* a feul le droit d'en faire, & il en
donne la permiffion pour fon régiment de *Rheinac*
au fervice de *France*, dont une compagnie appartient actuellement à un capitaine de la *Prévôté*.

. L'Evêque ne peut point tailler arbitrairement
les fujets de cette *Prévôté*; ils lui doivent feulement de toute ancienneté une capitation annuelle de quarante fols de France par charrue;

chaque ménage doit un chapon qui se paye encore à l'ancienne taxe de six sols ; le manœuvre dix sols, la veuve un sol : mais le chapon n'est point dû par tout homme, dont la femme est en couche ou en *gésine*, suivant le vieux terme de leur coutumier : outre cela, en certaines occasions, la *Prévôté* fait la quatorzième partie de ce que donne tout le domaine *Germanique* de l'Evêché pour payer les *mois Romains* dûs à l'Empire, ce qui peut aller jusqu'à deux mille livres : la protection de Berne coûte à chaque feu un sol par an, parce qu'à chaque jour de *St. André*, la *Prévôté* doit à cette République cinq florins du Rhin en reconnoissance & renouvellement de sa combourgeoisie.

Toutes les fois qu'il y a changement d'Evêque, tous les *Prévôtois* armés viennent, leur bannière en tête à *Delémont*, où la bannière de la ville salue poliment la leur : là, dans la cour du *château*, ils prêtent serment de fidélité au nouveau Prince, qui confirme premièrement leurs privilèges & leur combourgeoisie avec *Berne*. Au commencement de ce siècle, l'Evêque *Jean Conrad de Rheinac* voulut exiger le serment du peuple, sans se prêter préalablement à cette confirmation : indigné du terme de *protection* que *Berne* emploie dans cet acte, il déclara que la *prévôté* n'en avait pas besoin & qu'il *n'en voulait plus* : le bandelier d'alors, nommé *Wisard*, tint ferme, pour la défense des droits dont le peuple l'avait fait gardien, & dit à l'Evêque assis sur un trône, avec plus d'énergie que de respect, *& nous,*

nous la voulons cette combourgeoifie avec Berne ;
puis il fortit de la cour du château avec fa bannière & fut fuivi de toute fa troupe ; on eut
beaucoup de peine à les ramener & à concilier
pour le moment la prétention du prince & celle
du peuple. Mais bientôt tout fut en rumeur
dans le pays ; le bandelier décrété de prife de
corps par la cour, fe retira prudemment, chez
ces mêmes protecteurs caufes involontaires de
fa difgrace : informés de ce qu'il avait fait & ap-
prouvant fa conduite, les Bernois interpoférent
leur médiation, & voyant qu'elle n'avait pas
l'effet défiré, ils firent avancer un corps de
troupes fur la frontière de l'Evêché ; alors il y
eut un accommodement & un traité à Nidau
en 1706 ; le courageux *Wifard* rentra dans fa
patrie pour laquelle il s'était fi bien montré &
moyennant une lettre d'excufe écrite à l'Evêque pour la forme., il continua l'exercice de
fa charge. Dès lors il fut convenu qu'à chaque
preftation d'hommage au Prince, le bandelier
demanderait refpectueufement à Son Alteffe, que
la *Prévôté fut par elle maintenue & confervée dans
fes franchifes, droitures, priviléges, us & coutumes bien établis, comme auffi dans fes droits de
combourgeoifie & protection avec le Canton de
Berne, conformément aux traités fur ce dreffés &
au ferment pour ce prêté.*

Le *Bandelier* nommé *Venner* en allemand, était
dans fon origine celui qui portait la bandiere (ou
bannière) de la *Prévôté*, mais fon autorité s'eft
peu-à-peu augmentée par le befoin qu'on a eu de

lui; il est devenu l'homme du peuple, le gardien de ses franchises & le défenseur de ses droits : cette importante charge est à vie & c'est le peuple qui la confere... Devenue vacante en 1787 voici la marche qu'on suivit alors : il est curieux d'y retrouver quelques-unes des formes antiques du gouvernement populaire. Quand le jour de l'élection fixé par les députés des Communes du pays est arrivé, le grand baillif de *Delémont* se rend à *Moutiers* de la part du prince; tous les habitans ayant droit de vôter comme pères de famille, ou seulement comme tenant ménage distinct, y viennent en armes au nombre d'environ 1100, & se rangent dans une espèce de camp, tracé hors du village par un *sergent de bataille* choisi pour cela : *l'homme du prince*, adresse un discours à l'assemblée sur la nécessité de faire un bon choix, & va s'asseoir sur un siège distingué, ayant à ses côtés le Maire de *Moutiers* debout, tenant le sceptre & le glaive : alors tous les vôtans viennent donner leur suffrage à haute voix, on les compte soigneusement, & le candidat qui a la pluralité est censé élu ; mais il faut son consentement : un détachement va le chercher avec la musique, & quand il arrive on lui demande s'il accepte l'honneur que le peuple vient de lui faire en le nommant : s'il ne s'y refuse pas, un corps de cent-cinquante hommes, cinquante de chaque grande mairie est commandé, il prète le serment d'usage & va chercher la grande bannière renfermée sous cinq serrures; dont les clefs

font entre les mains des *maires*; quand elle est
arrivée, on la place au centre du bataillon quarré que forme le peuple, alors le nouveau ma-
giſtrat, prête le ſerment ſuivant, que lui intime
le repréſentant du prince. „ Vous jurerez pre-
„ mièrement à mon gracieux Seigneur de *Bâle*
„ & à tout le pays de la prévôté de *Moutiers*
„ *grand Vaux*, de leur ètre fidèle & léal, d'a-
„ vancer leur honneur & profit, & d'éviter leur
„ dommage, d'aider à maintenir & à défendre
„ la franchiſe & bonne coutume de la dite
„ *Prévôté* ſelon votre meilleur pouvoir, &
„ d'avancer tout ce que pour le profit du com-
„ mun doit être avancé & non détourbé, ainſi
„ comme le tout eſt venu d'ancienneté, ſans
„ nul *malengin* ". Alors après que le repréſentant
du prince l'a exhorté à bien remplir ſa charge
& à maintenir la concorde entre les deux Etats
l'un *ſouverain*, l'autre *protecteur* de ſes conci-
toïens, le peuple à ſon tour prête le ſerment
ſuivant, dont la teneur, ainſi que celle du précédent, a été fixée par des traités entre le prince
& *Berne*. — „ Vous jurerez à la bannière de la
„ *Prévôté de Moutiers graudval*, & notamment
„ l'honneur & le profit de la grace de monſieur
„ de *Bâle* & du *bandelier*, d'éviter & détour-
„ ner leur déshonneur & dommage, de pour-
„ voir pareillement d'ètre obéiſſants aux com-
„ mandemens & défenſes qui vous ſeront fai-
„ tes de la dite *bannière* en toutes choſes rai-
„ ſonnables, ainſi que d'ancienneté a été uſagé,
„ comme auſſi de ne prendre à vous nulle autre

„ fauve-garde, protection, ni bourgeoifie, fi non
„ par le bon vouloir, licence & confentement
„ de la grace de monfeigneur *de Bâle*, de vous
„ entretenir comme à gens de bien appartient,
„ & de faire tout ce qu'a été fait du tems paffé,
„ le tout fans nul malengin " : après ce ferment où la bannière repréfente le pouvoir fouverain, on la replace pompeufement au bruit
de la moufquetterie, au lieu d'où on l'à tirée...
La dernière élection attira à *Moutier* une foule
d'étrangers, curieux de voir cette intéreffante
cérémonie. Le *haut Infpecteur Bernois* avait écrit
de la part du Canton une lettre très-bienveuil-
lante à fes combourgeois, pour les porter à choifir un homme propre à réparer les défordres que
le dernier bandelier, par un zèle plus ardent que
éclairé, avait mis dans les affaires de la *prévôté*
chargée de procès très-difpendieux... Le bandelier actuel, homme prudent & fage, ne mérite-
ra fans doute jamais ces reproches : la grande
pluralité de huit-cent-feptante-un fuffrages en fa
faveur fur mille-trente-fept, témoigne la confiance que le peuple lui a donnée : c'eft monfieur
Etienne *Grojean* de la paroiffe de *Tavannes* : fon
père avait été revêtu de cet honorable emploi
en 1745 ; & ce fut un de fes ancêtres qui figna
déja comme *bandelier* en 1401, la confirmation
des privilèges du pays. Dès la première année
de fon élection, ce magiftrat doit aller foit à *Porentru*, pour être préfenté au prince, foit à *Berne*,
pour renouveller la combourgeoifie & recom-
mander la *prévôté* à la continuation des bons offi-

ces de la république. Il a le droit d'aſſembler les
députés des communautés après en avoir prévenu le grand baillif de *Delemont*, de leur préſenter
les ſujets de délibération qu'il juge néceſſaires,
& d'intenter conjointement avec eux, des procès pour la défenſe des droits du pays : mais
il eſt tenu de rendre compte des dépenſes qu'il
fait pour le bien général, & ce n'a été que ſous
le précédent *bandelier* & par un abus très-dan-
gereux, qu'on avait accordé un rembourſement
général ſans compte rendre. — S'il importe d'un
côté à la prévôté, que ce chef ſoit un homme
éclairé, ferme & incorruptible aux faveurs & à
l'argent; il ne lui eſt pas moins eſſentiel qu'il
ne ſoit pas d'un caractère factieux & brouillon,
parce que vû l'aſcendant qu'il a ſur les eſprits,
& la confiance qu'on lui accorde, il peut aiſé-
ment, ſoit aliéner le peuple des devoirs dûs à
ſon légitime ſouverain, ſoit fatiguer la protection *Bernoiſe* en réclamant pour les moindres
griefs une intervention qu'il faudrait garder pour
des choſes graves, ſoit enfin grèver les communes de dépenſes onéreuſes, en en appellant mal
à-propos de *Porentru* à *Wetzlar*, où les procès
n'ont point de fin.

Cette bannière de la prévôté qui repréſente
la Patrie & le Souverain tout à-la-fois, n'a pas
été toujours la même; il en exiſte encore trois
dans les archives de la *prévôté*, dont l'inſpection
prouve les révolutions politiques du pays. Toutes trois ſont de *gueule* à *l'égliſe d'argent*; la plus
ancienne ne porte que l'égliſe collégiale de *Mou-*

tiers : c'était quand la *prévôté* était presqu'en-
tiérement sous la dépendance du Chapitre. . . .
Quand il eut cédé ses droits seigneuriaux aux
Evêques, on ajouta à cette église la crosse épis-
copale dans la seconde bannière. Enfin dans la
dernière, faite il n'y a pas long-tems, à la *Collégiale* de *Moutiers* portant trois tourelles, on
a substitué une église à deux grandes tours, qui
est la Cathédrale de *Bâle*, & on n'a conservé de
la précédente que la crosse. Les trous de la seconde de ces bannières ne sont pas si respecta-
bles dans leur origine que les déchirures de
plusieurs de nos drapeaux *helvétiques* : arborée
en 1722 à *Moutiers*, un soldat échauffé par le
vin en fit son but & la perça d'une balle; il
en fut quitte vû son état d'ivresse pour un léger
châtiment, quoique plusieurs vieillards regar-
dassent comme un bien sinistre présage cet acte
d'hostilité commis en pleine paix contre le *palla-
dium* de la patrie, & en voulussent une punition
exemplaire.

Ce peuple qu'on peut, à plusieurs égards,
assimiler à celui de *Toggembourg*, avec cette différence qu'il ne nous a pas causé deux guerres
civiles, jouit des plus belles franchises, comme on vient de le voir. En parcourant le re-
cueil de ses privilèges & coûtumes, connu sous
le nom de *rôle de la Prévôté*, on remarque quelques singularités qui tiennent encore soit aux
mœurs antiques, soit au régime féodal; voici les
principales : quiconque tue un ours, en doit la
patte droite à l'Evêque ou à son lieutenant. Le
faux

faux ferment, fi grièvement puni dans le refte
de la *Suiſſe*, ne coûte à celui qui le fait que deux
doigts de la main droite, dont il peut fe rache-
ter par dix livres Bâloiſes, qui en font environ
dix-huit de France; les injures d'homme à homme font évaluées à vingt fols; celles d'homme
à femme à cinq fols : les parties prètent ferment
dans certaines occaſions de ne rien avancer
d'étranger au fond de la cauſe & de ne point
amener de délais fuperflus. La femme enceinte
& le malade ont droit de faire pècher dans la
Byrfe & dans les ruiſſeaux, s'ils ont envie de
poiſſon : les notables préfens au bornage des
champs jurent de garder le fecret des deux morceaux de pierre vulgairement nommés *témoins*,
les fages-femmes d'aſſiſter auſſi-bien & auſſi vîte
que poſſible toute perſonne qui réclame leur
fecours; & les paſteurs promettent par un ferment très fage de fe borner à apprendre au peuple fon devoir, & de ne fe mêler en aucune façon des affaires civiles.

Tous les payfans ne jouiſſent pas de la propriété illimitée de leurs fonds; pluſieurs les tiennent en bail héréditaire & irrévocable, fous
certaines redevances, dont quelques-unes fem-
bleront très-bifarres dans ce fiècle : tel tenan-
cier poſſède fon *franc cheſal* (c'eſt le nom que
porte cette eſpèce de fonds,) fous la condition
de fournir à l'Evêque, s'il vient à *Moutiers*, le
pot à eau & la *touaille*, c'eſt-à-dire l'aiguière &
l'eſſuyemain : tel autre doit avoir armes & har-
nais tout prêts pour aller faire *aſſaut de fon meil-*

H

leur devant toute forterefe ou chatel que l'Evêque ordonnera ; un troifieme doit *purger les écuelles,* c'eft-à dire laver la vaifselle de l'Evêque toutes les fois qu'il viendra à *Moutiers.* Sept différentes pièces de terrein engagent leur poffeffeur à porter les lettres de l'Evêque, depuis la *Mairie* où elles font fituées jufqu'à la *Mairie* la plus voifine. Sans doute que toutes ces redevances de l'ancien tems font maintenant payables en argent au receveur des droits fouverains.

À cette efpèce de confeffion à laquelle les chanoines forçaient jadis le peuple dans l'églife, pour lui impofer des amendes arbitraires, ont fuccedé en May & en Septembre *les plaids* de chaque grande *Mairie.* Le baillif de *Delémont* y vient confirmer les tribunaux de juftice inférieure, prendre le ferment de fidélité de tous les nouveaux mariés, qui commence par ces mots d'un ftile bien antique & bien tendre, *ferez féaux & loiaux & aimerez premièrement notre Dame de Bâle & notre Dame de Moutiers;* & recevoit les dépofitions, que tout homme du pays qui voit quelque chofe de contraire aux loix doit faire en dénonçant le délinquant.... coûtume au premier coup d'œil révoltante, puif-qu'elle établit un tribunal d'inquifition toujours dreffé entre les citoiens; mais comme c'eft un ancien ufage de leur conftitution & qu'ils font obligés de le fuivre par ferment, ils en font une affaire de devoir & il n'en réfulte pas de haine perfonnelle, comme il ferait naturel de le préfumer.

Un des avantages du régime civil de ce pays
est celui-ci : tout citoyen en matière de procès
est d'abord jugé par ses pairs ; dans chacune des
trois mairies, il y a un tribunal de justice pré-
sidé par un grand *Maire* nommé de la part du
Prince ; les juges sont au nombre de douze, dont
six places sont repourvues par le corps lui-même, & les six autres sont remplies par des asses-
seurs que choisit tout le peuple de la mairie
rassemblé au jour des *grands plaids* ; c'est aussi
le peuple qui les confirme ou qui les dépose :
de ce tribunal l'appel ne va point au grand
baillif de *Delémont*, mais il se porte directement
au conseil aulique de *Porentru*.

Les habitans de la *prévôté* tant *catholiques* que
réformés, sont généralement doux, honnêtes,
serviables, fidèles à leur parole & d'une bonne
foi à toute épreuve : à tous égards ils méritent le titre respectable de *bonnes gens* que leur
donnent les anciens actes qui parlent d'eux : ils
sont & ont bien raison, très attachés à leur patrie & très-affectionnés à la *Suisse*, dont ils se
regardent comme faisant partie par leur combourgeoisie avec *Berne* : ils passent pour braves
& bons soldats dans les services étrangers ; les
domestiques de ce pays sont estimés pour leur fidélité reconnue ; mais dès qu'il s'agit de leurs droits
& coutumes, le dernier paysan déploie pour
leur défense une énergie plus que républicaine.
Heureux s'ils savent jouir de leurs beaux & so-
lides privilèges, sans chercher encore à les étendre par cet esprit inquiet qui a plus d'une fois

H 2

troublé leur paix! Heureux, fi à la vue des im-
pots, des tailles, des corvées, des actes arbitraires d'une autorité armée, & furtout de la
conscription militaire qui courbe tant de nations
fous un joug écrasant, ils apprennent à apprécier le bonheur dont ils jouissent dans leurs belles vallées, & s'ils s'étudient à conserver ces
mœurs fimples & pastorales, qui commençent
peu-à-peu à fe perdre dans la plus grande partie du *Jura* !

On s'est fait un devoir, dans l'exposé des révolutions, du régime & des franchises de cette
contrée, d'être auffi impartial que poffible : on
a écouté avec attention, tant ceux qui ont intérêt à rabaisser fes privilèges que ceux qui ont intérêt à les exagerer, pour tenir un jufte milieu
entre les prétentions des uns & des autres :
peut être, & fans doute aucun des deux partis
ne fera fatisfait, comme cela arrive d'ordinaire,
quand un obfervateur n'en embraffe aveuglément
aucun pour fe réferver le droit de dire la vérité : il eft de fait, que quand on s'informe de
l'état politique d'un pays quelconque, d'un
côté auprès des maîtres, & de l'autre auprès
des fujets, les apperçus font fort différens, par
une fuite naturelle de cette lutte foutenue
entre l'inférieur qui veut fecouer le joug, &
le fupérieur qui cherche à l'appefantir : il eft
donc befoin de fe défier prudemment de pareil-
les informations, & de s'en tenir, autant que
poffible, aux chartres, aux traités publics &
autres inftrumens authentiques : on peut bien,

fi l'on eft le plus fort, les violer & les enfreindre, je le fais; mais on ne peut pas en anéan-
tir le contenu une fois qu'il eft bien connu;
ces actes renfermeront toujours le véritable état
des chofes, pourvu toutefois que chez celui
qui les confulte, l'efprit de parti ne fe charge
pas de les interprèter & que la prévention n'en
faffe point le commentaire.

LETTRE IV.

Toute la *Prévôté* parle français, excepté les
hameaux d'*Eslay* & de la *Scheulte* & quelques
maifons éparfes fur les frontières du canton de
Soleure: fa langue foncière, comme celle de prefque toute la *Suiffe occidentale*, eft un *patois* formé de mots *celtes*, *latins* & *allemands*. Ce dia-
lecte qui tient beaucoup de celui des *Francom-
tois*, quoique très-énergique en plufieurs expref-
fions, eft en général dur, traînant, défagréable
à l'oreille, inintelligible à un français, même à
un payfan du *bas-Vallais* & de la *Gruyère* qui
parle auffi un *patois* dérivé des mêmes langues,
mais d'une terminaifon toute différente: le patois de *Fribourg* le plus doux, le plus gracieux de la *Suiffe romande* & qui eft en affinité
avec tous les autres, n'en a prefque aucune
avec celui de la *Prévôté*, pour lequel il faut une

H 3

étude toute particulière. Il n'y a pas quatre-
vingts ans, que dans les meilleures maisons du
pays de Vaud on ne parlait presque que *patois* :
il était nécessaire de s'en servir, soit avec ses
domestiques, soit avec les gens de la campagne ;
il mettait plus d'égalité, plus de cordialité dans
le commerce de la vie, & plusieurs termes de
l'agriculteur & du berger n'avaient & n'ont encore aucun vrai synonime en *français* : à présent, le bon ton ne permet plus à un homme
soi-disant *comme il faut*, excepté à *Fribourg*, à
Syon & dans quelques petites villes, de l'apprendre ou de le parler ; il croirait devenir paysan
en employant son langage : & c'est un mal plus
grand qu'on ne le pense.... cette différence met
une barrière de plus entre les diverses classes de
la société, qui n'en ont déja que trop ; l'homme
de la campagne, gêné souvent par là avec l'homme des villes, ne s'ouvre point à lui & s'en dé-
fie davantage. En parlant français avec le paysan
je n'ai point appris à le connaître, mais sitôt
que je m'énonçais en *patois*, cela établissait entre
nous une confiance & un rapprochement très-
nécessaires à l'observateur, pour connaître & apprécier cette classe d'hommes si essentielle & si
intéressante. A *la révocation de l'édit de Nantes*,
une des raisons pour lesquelles le peuple du *pays
de Vaud* vit de mauvais œil les *réfugiés* s'établir
parmi nous, c'est qu'ils ne pouvaient point apprendre le *patois* & qu'ils se moquaient de ceux
qui le parlaient.

Les pâturages de la *Prévôté* font bons & vas-

tes; un de fes meilleurs revenus vient du produit & de la vente des troupeaux : leurs vaches
répandues en été fur les cimes du *Jura* , en
redefcendent en automne pour paffer l'hyver
dans les villages des vallées ; il s'en fait un
grand commerce avec les voifins. Quoique foigneufement cultivés, les champs y font d'un
moindre rapport que les prés, à caufe de l'in-
tempérie des faifons trop irrégulières dans les
pays montagneux. L'horlogerie qu'on doit à la
proximité du *Locle* & de la *Chauxdefond* fait
depuis quelques années des progrès fenfibles
dans plufieurs villages de la *Prévôté*; mais fi elle
y prend trop faveur, elle amènera bientôt le
luxe avec l'argent, & portera un coup funefte
& incurable, foit à l'agriculture, foit aux foins
des troupeaux, deux reffources moins brillantes
& moins lucratives, il eft vrai, mais d'un rapport folide & indépendant de toute révolution
& de toute mode.

Il n'y a à proprement parler aucune fabrique
dans la *Prévôté*, que quelques rouets pour filer
le coton, quelques métiers pour dévider la foie
ou la travailler foit en rubans, foit en étoffe,
& quelques potiers à *Moutiers*, qui mettent en
œuvre une argile d'une très-bonne qualité &
fourniffent tous les environs d'une vaiffelle de
terre fort eftimée. On a penfé, vû la grande
population du pays, à y établir des manufactures : c'eft actuellement une des manies à la mode; tous les journaux, toutes les feuilles pério-
diques ne s'occupent que de cela; mais il fau-

drait avant tout s'affurer, fi l'agriculture, le
foin des troupeaux, les métiers de première néceffité, les fonderies de fer, les verreries ont
fuffifamment de bras ; ce qui n'eft pas le cas
dans la *Prévôté*, où plufieurs fermes & domaines font mis en valeur par des *Allemands* du
canton de *Berne*. D'ailleurs quand le payfan,
devenu manufacturier, aura vendu fon champ
ou fon pré pour acheter les inftrumens néceſ-
faires à ee nouveau travail, quand fes enfans
ne fauront plus tenir les cornes de la charrue,
traire les vaches, manier la hache ou la bêche,
qu'arrivera-t-il ? Ce qui eft arrivé en grand à
Lyon cette année (1788) & en petit dans quelques contrées de la *Suiffe* : les foies ou les cotons
renchériffent, l'ouvrage manque, la plus affreufe
mifère en eft la fuite, & l'homme dur, que le
payfan manufacturier a enrichi, dit froidement:
„ s'ils n'ont pas de pain, c'eft leur faute, que
„ n'ont ils épargné dans le bon tems"? comme
fi leur défaut d'économie pouvait fervir d'excufe
à fon inhumanité. Ce ne fera que quand il n'y
aura plus un pouce de terre à mettre en valeur,
une vache ou une chèvre de plus à nourrir,
qu'il faudra parler de fabriques. Les Etats fe
confervent, dit on, par les mêmes moyens qui
les ont fondés, & certainement le berceau de
nos républiques ne fût entouré que de cultiva-
teurs & de bergers. Que dans les jours d'hiver
ou de pluie, le payfan faffe de la toile avec le
chanvre filé dans fa maifon & crû dans fa che-
nevière, des inftrumens d'agriculture, des uften-

ciles pour lui & pour ſes voiſins, c'eſt un très-
bon ſupplément au produit de la terre; c'eſt ce
qui a enrichi par exemple l'*Emmentbal* : mais
qu'il quitte ſes prés, ſes champs, ſes forêts,
pour paſſer tout le jour aſſis à faire un *ruban*
ou un *bonnet*, il ſe dénature & au phyſique &
au moral; il s'affaiblit & s'avilit tout à la fois:
dans nos contrées agricoles ou paſtorales, l'habitant a plus de force, plus d'énergie, plus de
nobleſſe dans la façon de penſer, tandis que
dans les lieux de fabrique, ſa conſtitution eſt
plus débile, ſes enfans ſont plus maladifs &
plus mal faits, & ſon caractère ſe détériore viſi-
blement: ajoutons que le laboureur eſt plus fru-
gal & plus économe; il faut qu'il vive, non d'u-
ne ſemaine à l'autre comme le manufacturier
paié tous les huit jours, mais d'une récolte à
l'autre, ce qui lui fait porter un œil attentif
ſur l'avenir : il aime auſſi bien plus ſa patrie,
parce qu'il peut dire mes moiſſons & mes pâturages, que le manufacturier qui ſe croit citoyen
de tout pays où il tranſporte ſon induſtrie.
Quand le peuple deſirera & demandera des fabriques, il faudra croire davantage à leur utilité:
mais qui ſont ceux qui les prônent ſans ceſſe?
ce ne ſont pas les payſans, mais les entrepre-
neurs qu'elles doivent engraiſſer. L'agriculture,
voilà le bien commun, le patrimoine univerſel
que chacun peut faire valoir, ou pour ſoi-même, ou pour les autres; mais les manufactures,
à les enviſager ſainement ne ſont autre choſe,
que le *monopole* des travaux du grand nombre

fait par le petit nombre; un homme fur cent
y gagne, les quatre-vingt-dix-neuf autres n'y
gagnent pas plus pour l'ordinaire, qu'à cultiver
les champs & s'y ruinent quelquefois. Les fabriques peuvent bien enrichir des familles, mais
jamais des villes entieres, encore moins des nations.... Le feul cas excepté déja ci-devant, où
la trop grande population trouble le rapport naturel entre le produit des terres & la confom-
mation des habitans: alors fans doute il en
faut; mais on n'y devrait encore employer que
les bras trop faibles pour l'agriculture, & non
pas même les enfans, chez qui une vie trop
fédentaire gène ou retarde le développement des
forces & de la taille. Et fuppofons encore que
les fabriques foient une fource d'opulence générale, rien de plus vrai & de plus applicable à
notre nation que ces penfées *Chinoifes*, qui diront
mieux que moi, ce qu'il me refte à dire fur ce
fujet fi débattu de nos jours.... (*) „ Il im-
„ porte bien moins d'enrichir une nation, que
„ de la nourrir : c'eft la fubfiftance qu'il lui
„ faut & non pas une abondance de belle mon-
„ noie. Changez fi vous le pouvez en or le fable
„ des campagnes, cet or fe changera-t-il en
„ aliment, pour arracher à la mort les malheu-
„ reux affamés ? Le peuple peut fe foutenir fans

(*) Voyez *les penfées morales de divers auteurs Chi-
nois*, tome III, *de la collection des moralistes anciens*,
Geneve 1783, page 107 & fuivantes.

„ argent, mais fans les productions de la terre
„ il ne peut vivre un feul jour. L'or, l'argent,
„ les pierres précieufes ne fauraient nourrir
„ l'homme ni le garantir du froid : on peut s'en
„ parer, en trafiquer, les échanger contre des
„ objets de première néceffité : mais s'ils pro-
„ curent ces faibles avantages, quels maux ne
„ caufent-ils pas ? Le laboureur dégoûté de la
„ charrue abandonne la culture des terres ; le
„ nombre des marchands augmente, on a des
„ étoffes d'un meilleur goût & d'un travail plus
„ exquis ; mais l'on manque du néceffaire ; les
„ boutiques fe couvrent de brillantes bagatelles ;
„ les artifans épuifent leur induftrie en fuper-
„ fluités ; les lettres même partagent la dépra-
„ vation générale ; le malheur s'empare de tou-
„ tes les conditions, parce que toutes fe font
„ livrées à la diffipation & à la cupidité ”. On
ne veut jamais fe perfuader qu'il fuffit à notre
nation d'avoir le néceffaire & que le fuperflu
eft fa perte : plus on l'enrichira, plus elle fe
corrompra ; plus elle fera corrompue, plus auffi
fera-t-elle malheureufe au-dedans, avilie au-
dehors, voifine de fa ruine & incapable de l'éviter, à moins que par quelque reffort jufqu'à
préfent inconnu, on ne put y ramener les
mœurs, les travaux & la médiocrité qui la carac-
térifaient primitivement.

Les maifons de la *Prévôté* font la plupart bâ-
ties & couvertes en bois ; elles font chaudes,
affez commodes & prefque toutes agrandies par
un avant-toît qui fert de remife & d'armoire :

la cuifine eft voûtée & fans cheminée ; la fumée s'échappe par des trous qui la conduifent dans le grenier, où l'on fait fécher les gerbes avant de les battre. Le grain qui a ainfi été expofé à la fumée, eft d'un meilleur goût & fe conferve mieux. Au lieu de chandelle ou de lampe, on brûle en hiver dans plufieurs maifons des morceaux de fapin réfineux ; pofés fur un petit foyer dont lé canal communique de la chambre à la cuifine, ils éclairent & réchauffent la famille & les voifins qui charment par le travail, le chant, quelque lecture ou quelque récit, les ennuis des longues veillées de la froide faifon. L'éducation des enfans, qui apprennent tous à lire & à écrire avant que de recevoir l'inftruction chrétienne de leurs Pafteurs, eft en général bien foignée, foit par les parens, foit par les maîtres d'école. Le culte public eft fréquenté avec refpect & affiduité de ceux même dont les habitations font les plus éloignées de la paroiffe. On fe plait à voir règner dans leur temple autant de décence & d'attention : leur mufique d'églife foutenue d'inftrumens champêtres a quelque chofe de fimple & d'agrefte qui va au cœur, parce que ce chant eft à l'uniffon de la nature de ces vallées.

Sur toute cette lifière du *Jura*, dans des vallons reculés & folitaires, principalement dans le val de *Chaluat* aux frontières de *Soleure*, font répandues une centaine de familles d'*Anabaptiftes*, chaffés du canton de *Berne*, il y a plus d'un fiècle, parce qu'ils ne voulaient ni porter les

armés, ni prêter ferment : leur opiniâtreté força
cet Etat à des procédés envers eux qu'il ne répé-
rait sûrement pas de nos jours. Ces hommes de
paix, plus ressemblans aux premiers Chrétiens
qu'on ne le croit communément, se retirèrent
dans la *Prévôté*, & prirent à bail des métairies
isolées que leurs descendans habitent encore.
Bons agriculteurs, habiles tisserands, loyaux
dans leurs marchés, ne faisant mal à personne
& faisant du bien à tous, sur-tout fidèles à
leurs *oui*, ou *non Evangélique*, ils sont aimés &
respectés de tous ceux qui les visitent ou qui
ont à faire avec eux : les paysans mêmes des
environs n'en parlent qu'avec une vénération
marquée. Cette secte d'abord si turbulente & qui
souilla son berceau de tant d'attrocités, est maintenant la plus paisible, la plus douce, la plus
endurante de toutes ; dans tous les lieux d'où
elle a été bannie autrefois avec une sévérité ou-
trée, on la tolère maintenant, & le magistrat
même y verrait rentrer avec plaisir les descendans de ceux qu'il exila ci-devant. Les *Anabap-
tistes* de la *Prévôté* intimément unis entr'eux,
ont formé de leurs cottisations une bourse commune pour leur assistance mutuelle. Si l'un d'eux
est dans le besoin, ce qui est rare parce qu'ils
travaillent tous, ils l'entretiennent sans recourir
à personne : s'il fait mal ses affaires par sa faute
même, ils le relèvent jusqu'à trois fois. Les vieillards veillent avec soin sur tous les membres de
ce petit troupeau, pour qu'ils ne se permettent
rien de contraire aux loix, aux mœurs & au

bon ordre : ils favent trop bien, que les fectes
dominantes ont fait plus d'une fois retomber fur
eux tous, la faute d'un feul ou de quelques-uns.
Ils ont confervé la langue allemande ; ils fe la-
vent mutuellement les pieds en commençant
leur dévotion, & s'affemblent tour-à-tour les uns
chez les autres, fans éclat mais fans myftère,
pour fervir à leur manière cet Etre fuprême, qui
regarde bien plus aux fentimens du cœur qu'aux
opinions de l'efprit.... Car c'eft le dogme qui
fait le *Proteftant* ou le *Catholique* ; mais c'eft la
pratique de la morale évangelique & l'imitation
de celui qui nous a apporté des cieux une religion d'amour & de paix qui fait le *Chrétien*. Les
Anabaptiftes font fort reconnaiffables à leur bar-
be, à leur fimple vêtement & à leur phifionomie
patriarchale. Leurs filles font douces, naïves &
fraîches ; toute la famille mène une vie fédentaire & laborieufe, qui n'exclud point cette inal-
térable gaîté que donne une bonne confcience.
En entrant dans leurs maifons, en converfant
avec eux, en fuivant la franchife de leur conduite, quand on n'y croirait pas, on apprendrait
à croire à la vertu & à l'aimer comme eux : l'obf-
curité, le calme de leur exiftence, le charme
de leurs travaux paifibles, l'union qui règne
dans leurs familles & dans leurs fociétés, cette
fimpleffe vénérable fondée fur l'ignorance des vi-
ces du grand monde, cet abandon fi entier de
leur être à la protection fuprême qui les fait mar-
cher en affurance, quoiqu'incapables d'après
leurs principes de fe mettre en défenfe contre

aucune attaque, fixent fi bien le cœur de tout
homme fenfible, qu'il eft tenté de refter avec
eux pour penfer & vivre à leur manière. Leur
culte foit domeftique, foit public eft fort fimple;
leur confeffion de foi n'eft chargée d'aucun dogme qui ne foit contenu mot pour mot dans l'É-
vangile ; leur plus grande erreur, au dire de plufieurs Théologiens, eft de s'attacher à la lettre
plutôt qu'à l'efprit de certains paffages. Voici
l'*imitation* d'une prière allemande dont quelques-
uns fe fervent comme de *cantique du matin* ;
on n'y trouvera rien que de très-*orthodoxe* ; elle
peut fervir à donner une idée de la fimplicité
des images qui leur font familières.

Tendre Pere de la nature
Et des faibles humains pour lefquels tu la fis,
   Reçois comme une offrande pure
Dès l'aube du matin les vœux d'un de tes fils !

✦✦

Docile à notre fimple culte
En te cherchant par lui fi mon efprit erra ,
   Du moins mon cœur qui te confulte
En t'aimant, ô mon Dieu ! jamais ne s'égara.

✦✦

L'aftre du jour dans fa carrière
Vient éclairer le monde & mes pas & mes yeux,
   Qu'ainfi ta divine lumière,
Illumine mon âme & me luife des cieux !

Fais que ton célefte Evangile
M'inftruife, me confole & me guide à la fois,
Et que fon influence utile
Se peigne en ma conduite & parle par ma voix !

Au cœur de chaque homme mon frete
Mets l'amour & la paix qui regnent dans mon cœur,
Et fi j'ai fu, Seigneur, te plaire,
Par le bonheur d'autrui procure mon bonheur !

O fi la fève fécondante
Ravive la nature au retour du printems,
Qu'au gré de ma fincere attente
Ton bon efprit m'anime & m'infpire en tout tems !

La rofe dont l'éclat s'efface
S'ouvre encore à la vie au vent frais du matin,
De même au fouffle de ta grace
S'épanouit mon cœur que fannait le chagrin.

Puifque par ta bonté fuprême
Grandiffent chaque jour & montent mes épis,
Fais que j'apperçoive de même
S'élever fous tes yeux mes filles & mes fils !

Si tu veux, les arbres ftériles
Et de fleurs & de fruits foudain font revêtus,

Veuille

Veuille que mes enfans dociles
Portent des fleurs en grace & des fruits en vertus !

❀ ❀

Prolonge mes jours sur la terre,
Si je puis de ta part y faire quelque bien ;
Et qu'honneur du front de mon pere
Les cheveux blancs du juste ornent auffi le mien !

❀ ❀

Que la navette fugitive,
Qui d'une de mes mains à l'autre va toujours,
M'apprenne d'une vie active
Et l'important ufage & le rapide cours.

❀ ❀

Libre de ce corps qui l'enchaine
Qu'en le quittant, Seigneur ! mon ame aille en ton fein,
Pareille à l'eau de ma fontaine
Qui fidelle à fa pente-arrive au lac voifin !

On voit avec délices dans ce pays là, les
heureux effets d'une tolérance fi longtems at-
tendue , & l'on fe rappelle en béniffant le ciel
de fon arrivée , cette réflexion de M. *Sinner*
dans fon *voyage de la Suiffe occidentale :* " Il eft
„ beau de voir en *Suiffe* deux cultes, dont
„ les fectateurs vivent fous les mêmes loix ,
„ fans-fe perfécuter. Tantôt un fouverain vivant
„ fous l'autorité du S. Siége & des peuples
„ ayant renoncé au culte de *Rome ;* tantôt des

„ Princes proteſtans gouvernant des ſujets qui
„ vont à la *meſſe*, & prouvant à tout l'univers
„ que le culte n'a rien de commun avec l'état
„ civil & politique, & que les hommes pour-
„ roient vivre par-tout en ſociété, ſans être
„ unis par les mêmes opinions ſur les choſes
„ céleſtes ". (*)

On ne peut depuis longtems qu'applaudir à la
ſage tolérance des *Evêques de Bâle*, dont l'eſprit a
paſſé dans la plus ſaine partie du clergé de leurs
états : les eccléſiaſtiques des deux partis vivent
dans une édifiante union ; ils cherchent les uns
& les autres à faire du bien, ſans ſe quereller
ſur la manière de le faire. Il ſerait à ſouhaiter
que tous les autres prélats de la *Suiſſe*, penſaſ-
ſent & agiſſent de même, & tout irait encore
mieux. Déja dans pluſieurs de nos contrées, comme le canton de *Glaris*, le bailliage d'*Echalens* &c.
le même temple ſert au culte des deux communions catholique & réformée.... je dis *communion*

(*) *Tome premier*, page 116. Cet eſtimable auteur
dont la perte a été ſenſible à tous les amis de la patrie & des lettres, a parcouru les mêmes lieux dont
parle ce voyage ; mais comme il n'a vu les choſes qu'en
général, qu'il a gardé toute ſon attention pour les villes, & qu'il a plus obſervé les hommes, les mœurs & les
loix que les beautés naturelles, il a laiſſé encore à gla-
ner après lui une foule d'anecdotes & de faits intéreſſans
pour la *partie hiſtorique*, & preſque tout à dire pour
la *partie deſcriptive*.

& non *religion*, parceque nous ne fommes, les uns par rapport aux autres, ni *Turcs* ni *Payens* : il feroit bien tems que les *Théologiens* convinf- fent une fois pour toutes, de ne plus parta- ger par une diftinction impropre & odieufe, des hommes, dont la croyance a les mêmes articles fondamentaux, & qui admettent la même mo- rale. Ne difons jamais qu'il y a deux religions parmi nous ; c'eft bien affez qu'il y ait plu- fieurs fectes : ils font paffés, grace au ciel, ces jours bruyans de controverfe & d'animofité , où les *catholiques* damnaient les *réformés*, qui de leur côté donnaient au Pape le nom d'*An- techrift* : on regarde maintenant les diverfes com- munions, comme différentes *branches* forties du même *tronc* de *l'arbre de vie*, dont l'une ne doit pas méprifer, injurier, défavouer & cher- cher à faire retrancher l'autre , parce qu'elle a plus ou moins de *feuilles* ou de *mouffe*, avec égalité de fruit. Fatigués de leurs guerres civiles dans lefquelles il n'y a point de triomphe ho- norable , les Chrétiens fentent plus que jamais la néceffité de fe réunir contre les ennemis du dehors ; & les *catholiques* qui ont la *ville* de l'églife & les *fauxbourgs* des conciles & de la tradition à défendre , n'ont rien de mieux à faire , qu'à confler la garde de la *citadelle* de l'é- vangile aux *réformés*, qui n'y ont encore laif- fé faire aucune brèche.

Après ces longues difcuffions , qui ne feront peut-être pas fans intérèt pour cette claffe de

lecteurs qui aime à s'instruire avec quelque détail, il est bien tems de continuer notre route
du côté de *Bienne*.

A quelque distance de *Moutiers*, le vallon
se referme de nouveau, & l'on entre dans un
second défilé plus court que celui que nous
avons décrit ci-devant, mais plus majestueux
& plus effrayant encore. Les rochers qui le forment y sont d'une architecture plus hardie, &
ressemblent de loin à des murs construits avec
des couches uniformes de pierres égales : il y
a une alternative frappante de bandes nues &
de bandes boisées, à-peu-près de même largeur, qui se répete jusqu'à sept fois du bord de
la *Byrse* au sommet des rocs si élevés, que le
plus grand sapin y paroît à peine aux yeux
du voyageur. Dans ces lieux si âpres & si sau-
vages, au milieu du désordre imposant de ces
énormes masses culbutées à vos pieds ou sus-
pendues sur vos têtes, vous vous étonnez de
trouver une route large, facile, défendue çà &
là par des murs terrassés contre les insultes du
torrent, & qui passe entre *Moutiers* & *Court* sur
deux ponts voisins solidement construits & d'un
aspect très-romantique, dont le crayon de plusieurs artistes s'est déja occupé : mais il est à
croire que cette route est fort ancienne ; il en
faut d'abord faire honneur à la *Byrse*, qui l'a
frayée à la longue, & qui a indiqué par son
cours le seul passage, que l'art humain put rendre praticable. Les *Romains* profitérent du trou

que la nature avoit ouvert à *Pierrepertuis* bien
des siècles avant eux , pour y faire passer la
voye , par laquelle communiquaient les deux capi-
tales des *Helvétiens* & des *Rauraques* , *Avenches*
& *Augst*. Les malheurs de l'Empire la firent
négliger ; le laps du tems l'encombra : peut être
fut on bien aise de laisser fermer ce défilé , pour
que les Barbares 'eussent une porte de moins :
la tradition qui veut que *S. Germain* ait séparé
miraculeusement les rocs au-dessus de *Correndelin*, est un trait de lumière qui montre à la
raison , ce bon religieux occupé tout simple-
ment à rétablir cette route nécessaire à son
couvent.

La Reine *Berthe* employa à élargir & à réparer ce même chemin , un Ecossais nommé *Mac-
kenbry*, de qui les nobles *de Tavannes* préten-
daient descendre ; mais ce passage n'a été rendu parfaitement sûr & accessible aux plus lour-
des voitures , que dans le milieu de ce siècle :
la *Prévôté* fit avec des frais & des travaux im-
menses une superbe chaussée ; elle en a eu les
peines , les dépenses & l'utilité pour elle ; l'*E-
vêque*, suivant la coutume des grands Seigneurs
anciens & modernes , s'est contenté de la gloire
attachée au succès de l'entreprise , & a consi-
gné son nom aux remercimens de tous les
voyageurs par l'inscription suivante , gravée dans
un énorme roc au bord du chemin.... c'est le
pendant de celle de *Pierrepertuis* :

I 3

JOSEPHUS GUILLELMUS
EX RINCKIIS DE BALDENSTEIN
BASILEENSIUM EPISCOPUS
VIAM VETERIBUS CLAUSAM
RUPIBUS ET CLAUSTRIS MONTIUM RUPTIS
BYRSA PONTIBUS STRATA
OPERE ROMANIS DIGNO
APERUIT
ANNO 1752.

Le profeffeur *Schœpflin* de *Strasbourg* eft l'auteur de cette infcription, digne du cadre majeftueux qui la renferme : un peu plus loin un
quartier de montagne s'éboula il y a quelques
années à gauche du chemin, & obftrua le lit
de la *Byrfe* qui s'en fit un autre à côté : on reconnaît encore les traces de ce défaftre à des
fapins, ici à demi enterrés & déja defféchés ; là
malades, mutilés, ou mourans : on dirait que
c'eft tour-à-tour l'infirmerie ou le cimetière des
forèts voifines.

Ces chûtes de rochers n'arrivent prefque jamais qu'à la fonte des neiges : l'eau qui filtre &
s'infinue par tout, minant la bafe qui les porte, ils fe détachent & roulent avec fracas jufqu'au fond du vallon : de violens orages produi-
fent quelquefois les mèmes effets. Il n'eft point
de fpectacle auffi fublime & auffi faififfant tout
enfemble, que de paffer dans ces gorges étroi-

tes quand une tempête y amene les vents, y
entaffe des nuages chargés de grèle, & au milieu des fillons étincelans de l'éclair, y fait rouler de longs tonnerres : l'étroit efpace de ciel
qu'on a fur fa tète, eft fucceffivement tout noir
ou tout en feu ; des zones de flammes en entr'ouvrent à chaque moment la formidable obf-
curité ; les échos répétent, prolongent & femblent doubler le bruit tumultueux des élémens
en guerre, du choc des forêts qui fe heurtent,
& du fifflement des vents fans ceffe arrêtés par
les anfractuofités de la vallée : renforcé de mille
filets d'eau qui fe précipitent en cafcade de toutes parts, le torrent fait en mugiffant fa partie
dans ce finiftre concert; on dirait que c'eft l'ou-
verture du Cahos.

L'afpect redoutable, l'air & le ton menaçant
de toute la nature en couroux, forcent le voyageur à chercher un azile dans des grottes affez
fréquentes fur cette route. Là, en attendant que
le calme renaiffe, il obferve ou il tremble; il
médite ou il refte glacé d'effroi; il fe concentre
dans fon ame pour recueillir l'impreffion qu'y
fait ce fpectacle, ou il cherche à en diftraire
fa penfée de peur d'en être trop affecté.

Au delà de la *Byrfe* qui la fépare du chemin,
à peu près à la moitié de la gorge, eft une belle
caverne d'un accès affez pénible pour l'habitant
des plaines : l'entrée en eft jonchée d'une couche épaiffe de feuilles deffechées que les vents
d'automne y portent chaque année ; l'arcade
qui la forme, affez bien proportionnée va tou-

jours en fe rétréciffant ; dans le fond fort à vos
pieds une fource limpide & fraiche qui s'échappe fur la mouffe en deux filets, pour fe rendre
à la riviere quatre - vingt pieds plus bas : à vos
côtés une faillie de roc vous offre un banc naturel ; au-deffus de votre tête eft une ouverture affez étroite qui mene au fecond étage de
la grotte : fi l'on ne craint pas d'y pénétrer ,
on arrive à une fenêtre ronde qui donne fur
le chemin, & l'on fe trouve précifément au-deffus de l'arcade inférieure : de cet œil de bœuf,
on a un point de vuë unique dans fon genre
fur une partie du défilé. Je ne doute pas que
quelque voyageur ne faffe un jour graver fur
le frontifpice de cette grotte ces vers de *Vir-*
gile, qui femble l'avoir vue, tant il la décrit
bien ;

Hinc atque hinc vaſtæ rupes , geminique minantur
In cælum ſcopuli . . . . tum ſilvis ſcena coruſcis
Deſuper , horrentique atrum nemus imminet umbra:
Fronte ſub adverſa ſcopulis pendentibus antrum ;
Intus aquæ dulces , vivoque ſedilia ſaxo :
Nympharum domus . . . . (*)

Le *Jura* qui prefque par tout eft gracieufe-
ment deffiné en traits foibles & doux , femble
ici changer fon ordonnance accoutumée ; & porter une empreinte fi mâle & fi vigoureufe, qu'on

---

(*) ÆN. lib. I. v. 166. & feq.

peut dire avec vérité, que tout l'efpace de *Correndelin* à *Court*, eft un tableau des *Alpes* enca-
dré dans le *Jura* : fur quiconque le confidère, fuivant fa manière de voir, ce tableau produit ou
une teinte de cette trifteffe romantique, dans
laquelle jette la vue de tout objet qui à l'aide
de la nouveauté & de la furprife nous fait arriver à l'admiration par un faififfement involontaire, ou une impreffion énergique, qui donne
du ton à l'ame, la monte aux plus nobles penfées & femble en l'aggrandiffant, l'affimiler aux
grandes chofes qui la frappent. Là, dans un filencieux recueillement, on fe plait, tantôt à remonter aux révolutions du globe qui ont entaffé
les parties de ce fuperbe enfemble, tantôt à
vivifier ces fauvages fcènes, en les comparant à
celles de la fociété ; quand on a lu *Offian* on
croit fe retrouver au milieu des mêmes payfages,
où il fait combattre & chanter fes héros.... Dans
les nuits d'automne, l'homme mélancolique parcourt délicieufement ces étroites vallées, quand
la lune & le brouillard s'en difputant la furface,
les peuplent aux yeux de fon imagination d'objets fantaftiques, & qu'un vent léger les promène çà & là revêtus d'un habillement aërien,
les fait paffer comme des ombres fugitives d'un
rocher à l'autre, & les emporte en tournoyant
par deffus ces énormes coloffes, tour-à-tour
éclairés d'une faible lumière, ou à demi cachés
dans une vapeur incertaine & mobile. Ames
fortes, qui vous plaifez à reffentir de violentes
émotions, venez ici voir les fières fcènes de

Shakefpear ou de *Corneille* jouées par des rocs, des
fapins & des torrens fur le théatre de la deftruction : vous feules pouvez les comprendre; vous
en avez le mot, & vous poffédez le dictionnaire
de ce langage augufte, *intraduifible* à ces ètres
pufillanimes que fait trembler la vue d'un rocher qui furplombe, ou le bruit d'un torrent
indigné contre la digue qui l'emprifonne : ici,
il y a de quoi fatisfaire tous les goûts; le poëte y trouve des images, le peintre des tableaux, le malheureux des fenfations analogues
à fes infortunes; le naturalifte y raffemble des
plantes rares & des pétrifications très - variées;
le philofophe y raifonne fur la formation des
montagnes, en en voyant les couches à découvert & en parfaite correfpondance des deux
parts; le patriote fe réjouit à l'afpect de ce
rempart naturel, où une poignée de citoyens
peut fervir de barrière contre une armée entière; le voyageur fentimental y recueille une
foule de fortes impreffions, qui ne s'effaceront
jamais de fon cerveau. Les femmes mèmes,
parce qu'elles font faites pour les graces & les
fenfations douces .... les femmes y feront d'autant plus vivement affectées du maintien impofant de grandeur, de majefté & de menace,
que la nature prend dans ces effrayans payfages.
Avec quel regret on s'en éloigne enfin ! comme
de retour dans les villes, on regarde en pitié
l'empreinte mefquine & forcée de l'art, & quel
profond fouvenir refte gravé en traits indélébi-

les dans l'ame de celui qui parcourant ces lieux fut digne de les voir (*)!

Sorti du défilé, l'œil se promène sur les char-mans villages qui peuplent la vallée, & sur les fermes isolées qui décorent çà & là les pentes des deux collines entre lesquelles on passe. Dans le fond, la *Byrse* faible, indécise, incertaine, serpente au hasard, dessine par ses détours sinueux mille courbes agréables, & pourfuit nonchalemment sa route, moins à cause de la pente du terrein, que par le volume supérieur de l'eau qui la presse : tantôt sa trace gracieuse coupe le verd des prairies comme une écharpe d'argent; tantôt son cours ne se dévine qu'à la lisière d'arbustes aquatiques, sous l'ombre des-quels elle se plait à cacher son étroit canal.

Le village de *Court* (**) qu'on trouve bientôt donne son nom aux dernières roches, comme

---

(*) Les étrangers qui veulent aller de *Bâle* au bord du lac de *Bienne*, feront bien de préférer cette route à celle de *Soleure* ; elle est aussi courte, aussi commode, & traverse un pays qui n'a point son pareil dans tout le *Jura*.

(**) Le village de *Court* tire son nom du mot grec χορτος qui signifie *herbe*; les latins en firent *hortus*: dans le moyen âge *curtis* désigna une *possession* & quelquefois une *cour de justice*, & dans le *patois* de la Suisse fran-çaise *curti* ou *courti* est resté pour dire un *jardin*: ce mot entre sur-tout dans la formation du nom de plusieurs villages, soit de la *Prévôté*, soit de l'*Erguel*: ainsi, *Correndelin*, est *curtis Rendellina*; Courtelari, *curtis Alarici*; Courgement, *curtis montis*; Courfaivre,

celui de *Moutiers* aux premières : la plupart des
voyageurs préfèrent celles-là : elles ont en maffes
coloffales , en élévation , en variété d'afpect ,
quelque chofe de plus hardi encore & de plus
étranger à tout autre payfage, que les roches de
Moutiers : une feule chofe femble peiner dans
toute cette route, c'eft la multitude de fapins
mutilés, auxquels on a emporté , à deux pieds
environ de leur racine, un large morceau d'é-
corce ; mais ce qui paraît trifte au voyageur, eft
une reffource lucrative pour le payfan, qui
ramaffe avec foin la réfine fortie de ces inci-
fions, la met en pain & la vend pour divers
ufages. On prétend que cette petite branche de
commerce fait entrer plus de 20000 livres de
France annuellement dans la *Prévôté;* ce ne font
cependant pas les fapins des forêts qu'on fait
fervir à cet ufage ; il n'eft permis de taillarder
ainfi que ceux qui font fur les grands chemins
ou dans les pâturages.

En paffant enfuite dans le village de *Bevillard*,
on apprend avec intérêt que cette paroiffe &

---

curtis fabri ; Courtetelle, *curtis ftella ;* Courban, *curtis*
panis ; Brelincourt, *pralii curtis ;* &c. Ces étymologies,
dont la plupart fe trouvent dans les noms *latins* que
donnent à ces villages des chartres du Xe. XIe & XIIe.
fiècle, femblent plus naturelles que celles de *Bochat,*
qui veut par exemple qu'en langue *celtique*, Courgemont
fignifie, *petit lieu de mont fermé de haies*, Courtelari ,
cour de la vallée fur l'eau, &c. Voyez page 232 , du
tom. III de fes *Mémoires fur l'hiftoire ancienne de la*
Suiffe.

fon annexe *Sornetan*, qui en a été détachée dès
lors, ont eu pour pasteur au commencement de
ce siècle un cousin de *madame de Maintenon*:
il s'appellait *Samuel d'Aubigné* & était petit fils
du fameux *Théodore Agrippa*: fa cousine essaya
à diverses reprises de le ramener en *France* &
dans la communion catholique, par les plus brillantes promesses; mais la voix de l'honneur &
de la conscience l'empêcha d'écouter celle de
l'ambition. Sa petite fille vit encore dans la *Prévôté*, & dans fa vieillesse elle est l'objet de la bienfaisance de l'Etat de *Berne* qui lui a assigné une
pension.

On termine la première journée de *Bâle* à
Bienne au village de *Malleray*. Disons ici aux
voyageurs inquiets du genre des auberges, que
celle de cet endroit tenue par des gens honnêtés
& instruits est une des meilleures & des moins
chères de la *Suisse* (*). Les environs de ce lieu
furent en 1367 le théatre d'un combat très-dé-
favantageux à l'Evêque de *Bâle*, *Jean de Vienne*.
Ce Prélat, qui préférait le casque à la mitre &
la lance à la crosse, ne trouvant pas de meilleur
moyen de rompre l'alliance de *Berne* avec *Bienne*, était venu brûler cette dernière, & s'était

_____

(*) On a mis à la fin de ces lettres, pour le repos de
l'ame de plusieurs voyageurs, la liste des meilleures
auberges de la route. Les moutons, qui dans les pâturages de *Malleray* à *Tavannes* ne se nourrissent en été
que de *serpolet*, sont estimés & recherchés des connais-
feurs.

attiré les armes de la première, de *Soleure* & de
leurs alliés des trois *petits cantons* : leurs troupes combinées forcètent les retranchemens que
l'Evèque avait élevés à *Pierrepertuis*, y rasèrent
un fort qu'il eftimait beaucoup, & lui firent
payer bien chérement par fa défaite & par l'incendie de plufieurs villages voifins, l'embrafe-
ment de *Bienne*. Le village de *Reconvilliers* qui
vient après *Malleray* n'eft point non plus fans
gloire dans les annales de la patrie : ce fut là
que fe conclut en 1486, entre l'Evèque de *Bâle*
& le canton de *Berne*, une paix bien avantageufe à la *Prévôté*, puis qu'elle fut la première origine de cette combourgeoifie qui lui eft
fi chère & fi importante.

Au fond de la vallée on trouve enfin *Tavannes*; (en allemand *Tachsfelden*) fon château,
brûlé en 1499, ainfi que le village, appartenait
à des nobles affez puiffans, dont le nom fe trouve
déja à la fin du treizième fiècle dans la lifte des
membres de la Régence que l'Evèque établiffait
pour gouverner le *petit Bâle*. L'un de ces nobles
s'étant déclaré contre les *Suiffes* en 1386, &
ayant ainfi que *Mahaut* comteffe *d'Arberg* & de
Vallengin, à qui il était attaché, fourni quelques
foldats à l'armée de *Léopold* battue à *Sempach*,
en fut puni par les *Bernois* qui vinrent ravager
le *Val de Tavannes*. *Marguerite* dernière de la
Maifon de *Tavannes*, époufa un Comte de *Saulx*
qui joignit au fien le nom de fa femme, & fut
père du fameux maréchal de *Tavannes* : chacun
fait que ce maréchal dans fon lit de mort, preffé

de fe confeſſer de la part qu'il avait priſe au maſſacre de la _St. Barthelemi_, dit qu'il la regardait comme une des meilleures & des plus honorables actions de ſa vie....

La paroiſſe de _Tavannes_ fut la première de la _Prévôté_ qui embraſſa la réformation, après la prédication de _Farel_, à la pluralité des ſuffrages; elle demanda un miniſtre à l'_Evêque_ & à l'abbaie de _Bellelai_ qui a la collation du bénéfice,& en attendant, elle en reçut un des _Bernois_ : ces derniers entrèrent en correſpondance avec l'_Evêque_ pour maintenir les libertés ſpirituelles de leurs combourgeois. La lettre de remercîment de la Commune de _Tavannes_ à ſes protecteurs, mérite pour la ſimplicité originale de ſon vieux ſtile d'être connue : la voici dans ſon entier.

" _A nos très-redoubtés Seigneurs, nos bons Seigneurs de Berne_".

„ Humblement vous remercions, de cela, que
„ nous avez reſcrit & tramis un preſcheur, pour
„ nous dénoncér le St. Evangile de Dieu; lequel
„ nous avons reçu & voulons vivre à icelle, &
„ jouxte votre bonne réformation; & Dieu nous
„ en donne la grace; amen! Très-redoubtés Sei-
„ gneurs, nous vous prions pour Dieu, de nous
„ ordonner icelui preſcheur de votre pays; car
„ pour le mettre de notre pays, nous doubtons,
„ que nous ne faſſions deſplaiſir à monſieur de
„ Bâle & à monſieur de Ballelay qui eſt colla-
„ teur de noſtre Parroche; & auſſi monſieur de

» Bâle a fait faire à tous mandement, pour leurs
» profits, fors qu'à la noftre Parroche, pour-
» quoi nous doubtons que le dit monfieur n'aie
» quelque affection contre nous; pourquoi, nos
» Honnorés Seigneurs, nous nous recomman-
» dons toujours à voftre bonne garde & à vof-
» tre très-chreftienne bourgeoifie : de celui pref-
» cheur que vous nous avez tramis, fi vous le
» nous mettés, nous voulons faire votre comman-
» dement, & fi monfieur de Ballelay nous vou-
» lait mettre un autre, nous vous prions hum-
» blement, qu'il foit examiné comme fuffifant,
» afin que la chofe demeure entièrement :

Vos très-humbles &c.
La Commune de Tavannes.

donné le 5 jour de Juin
1530.

A dix minutes au-deffus de ce village, fort
d'un rocher mouffeux, la belle fource de la
Byrfe, qui fait en naiffant tourner trois roues
de moulin, & décore un charmant paifage.
Après s'être défaltéré dans fon onde fraiche &
limpide, que peuplent déja de petites truites, &
avoir *falué la nymphe de la fontaine & le génie
du lieu*, on quitte avec peine cette rivière ; on s'en
fépare comme d'une bonne & fidèle amie qui le
long de toute la route depuis *Bâle*, dans l'efpace
de quatorze lieues, n'a ceffé d'égaier, de rafraî-
chir & de charmer le voyageur qui l'a prefque
toujours

toujours à côté de lui : on en fentirait plus vivement le regret, fi l'on n'arrivait quelques pas
plus haut à ce fameux paſſage de *Pierrepertuis*,
où l'on fe promène au milieu des fouvenirs de
Rome & de fes grands travaux : objet de vifite
pour les curieux, fujet de differtation pour les
favants, morceaux précieux pour les deffinateurs, *Pierrepertuis* eſt une vaſte voûte percée
à travers un rocher : fon ouverture qui eſt aſſez
irrégulière peut avoir quarante pieds de haut
fur une largeur un peu moindre. Ce n'eſt point
un ouvrage de l'art comme l'ont voulu quelques antiquaires : c'eſt un ouvrage de la nature. Les conſtructeurs du chemin *romain* trouvant cette communication d'un revers de la
montagne à l'autre toute faite, y firent paſſer
leur chemin qui pouvoit delà entrer ou chez
les *Sequanais* ou chez les *Rauraques* : l'infcription même placée au-deſſus de la voûte, un peu
de côté, ne dit point que cette voye fut *ouverte*
mais *faite* : cette infcription mal lue par la plûpart de ceux qui l'ont rapportée, & très-diver-
fement tranfcrite par les antiquaires, au gré
fans doute du fyſtème qu'ils voulaient lui faire
appuyer, eſt gravée fur la face du rocher qui
regarde la *Prévôté* : le côté gauche en eſt viſi-
blement plus effacé que le droit, préfervé par
une petite faillie des eaux qui coulent d'en-haut
pendant les pluyes ou à la fonte des neiges :
le caractère n'en n'eſt pas du plus beau *romain*;
mais il n'eſt guères probable qu'on ait fait venir
exprès un artiſte d'Italie, pour tracer quelques

K

lettres fur le haut du *Jura* : celles de la première ligne font près de la moitié plus grandes
que celles de la dernière ; on trouvera dans la
carte à la fin de ce volume, l'infcription telle
qu'elle eft actuellement : quoique avec de bons
yeux on puiffe la lire du bas, pour plus de fûreté, elle a été exactement copiée à l'aide d'une
longue échelle, par Mr. *Fréne* pafteur de *Tavannes*, eccléfiaftique très-verfé dans les antiquités & dans l'hiftoire ancienne & moderne de la
Suiffe & fur-tout de l'Evêché de *Bâle*.

Les antiquaires fe font d'abord vigoureufement difputés, pour déterminer qui étaient ces
Auguftes, & le pere *Dunod* a été battu dans cette
occafion comme dans bien d'autres : il prétendait, qu'il s'agit dans cette infcription des Empereurs *Balbin & Pupien* ; mais la pluralité des
fuffrages a décidé en faveur de *Marc-Aurele* &
de *Verus*, bons amis des *Helvétiens*, grands conf-
tructeurs d'ouvrages publics, & défignés les premiers par le titre d'*Augufte* fans aucun autre
nom, comme cela paraît par plufieurs infcriptions, entr'autres par le beau *marbre votif*,
qu'on peut voir dans une des antichambres de
l'hôtel-de-ville de *Laufanne*, & fur lequel le favant
Boehat a fait d'excellentes differtations, à la fin
du troifième tome de *fes Mémoires*. Une feconde
controverfe non moins importante s'éleva enfuite ; il s'agiffait de favoir, fi le *mot durvum* qu'on
croyait lire dans l'infcription, était une montagne ou un homme : les puriftes foutenaient qu'il
eft non-feulement contraire à l'élégance, mais à

la grammaire *latine*, d'employer la prépofition *per* au lieu d'*a*, pour défigner l'auteur d'une chofe faite, & trouvaient d'ailleurs un rapport marqué entre *Durvui* & d'*Orval* ou *Durveau*, nom que le *val de Tavannes* porte encore : leurs adverfaires ont prétendu au contraire, qu'on ne gravait point fur un ouvrage qui refte dans un lieu le nom de ce lieu là ; que cela ferait auffi abfurde que le mot, *ce pont a été fait ici*, fi connu en France, & qu'en conféquence *Durvus* était le nom d'un magiftrat d'*Avenches*, de la famille des *Paternus*, déja illuftrée par deux infcriptions, l'une à *Villars le Moine* dans le voifinage d'*Avenches*, l'autre près de *Soleure* dans le mur de la chapelle de *Ste. Cathérine* ; famille qui doit avoir donné fon nom à l'ancien *Paterniacum*, maintenant *Payerne*. Quelques favans ont lu *Dunnius* au lieu de *Durvus* ; mais tous font d'accord que la *colonie Helvétique* dont il eft fait mention, était *Avenches*, & qu'un de fes II *Virs* fit conftruire cette route (*) ; le chemin *Romain* fortant de cette dernière ville, paffait à *Petinefca*, (Buren ou Bienne) ; traverfait le *Jura* par la

---

(*) On peut juger de l'érudition du moyen âge par les vers fuivans, qu'on croyait alors lire à *Pierrepertuis* au rapport de *Munfter*.

Numinis Augufti via ducta perardua montis,
Feliciter petram fcindens fubmargine fontis.

Prévôté, & venait le long du revers occidental
de cette montagne jusqu'à *Augusta Rauracorum*,
éloignée d'*Avenches* selon l'*itinéraire d'Antonin*
de 45000 pas ; distance qui ne semble pas assez
grande, vu l'espace qui séparait ces deux villes
au moins à vingt lieues l'une de l'autre par les
plus courts chemins : peut-être y avait-il deux
chemins, la *voie militaire* qui passait de *Soleure*
par le *Havenstein* & qui existe encore dans la
grande route de *Bâle*, & un autre chemin qui
allait du bord du lac de *Bienne* à *Augst*, par
Pierrepertuis. Ce fameux rocher était la borne
occidentale du pays des *Rauraques* ; ce pays
occupait la plus grande partie de l'Evêché, tout
le canton de *Bâle* excepté le bailliage de *Rie-
hen*, le *Fricktal* & les *villes forestières*, jusques
près de *Coblents* au confluent de l'*Aar* & du *Rhin*.
Cette nation n'était pas bien considérable, puis-
que dans la fameuse émigration du tems de *Ju-
les-César*, il n'y avait que vingt-trois-mille
Rauraques, tandis qu'il y avait deux-cent-soixan-
te-trois-mille *Helvétiens*, comme leur vainqueur
nous l'apprend lui-même.

    A droite de l'ouverture, on suit un petit sen-
tier qui mène au haut du rocher : là, on trouve
comme un corps-de-garde de sapins, placés en
sentinelle sur la frontière des deux peuples que
cette espèce de porte sépare, & très-bien postés
pour découvrir au loin de tout côté. Quand on
a passé la voûte & qu'on se retourne environ
cinquante pas au-dessus, on a parfaitement une

vue d'optique: un rideau de fapins ferme l'ouverture; mais comme ils font clair-femés, on
voit à travers, le bleu du ciel, le verd des
prairies, le commencement du cours de la *Byrfe*
& les maifons de *Tavannes*; ce qui forme un
fpectacle enchanteur & prefque magique, fur-tout
au coucher du foleil (*).

Il y avait autrefois dans la *Prévôté* plufieurs
villages, dont il n'exifte maintenant que le nom:
on attribue leur ruine aux peftes qui ont jadis
défolé la *Suiffe* à différentes reprifes; mais comme il n'y a plus aucune trace d'habitation, il
eft plutôt à préfumer, que ces villages brûlés
en tems de guerre n'ont point été rebâtis. On
fait qu'en 1365, les *Bernois* & les *Soleurois* en
incendièrent plufieurs, & que dix ans après un
parti des troupes d'*Enguerrand de Couci* s'étant
gliffé dans le *Munfterthal* par des fentiers détour-
nés, y porta tout à fon aife le fer & le feu,
tandis que les habitans du pays gardaient les
deux défilés de *Correndelin* & de *Pierrepertuis*:
fi ces étrangers n'avaient pas été plus brigands
que foldats, ils auraient refpecté les terres de
l'Evêque de *Bâle*, qui de concert avec le comte

_____

(*) Les perfonnes curieufes de lire tout ce qu'il y
a de plus favant fur l'infcription & le paffage de *Pierrepertuis* (*Petra pertufa*), trouveront à fe fatisfaire
dans un petit ouvrage allemand d'un antiquaire *Bâlois*
nommé *Buxtorf*, imprimé en 1756.

de *Nidau* leur avait, en haine des *Suiffes*, livré les paffages du *Havenftein* & de la *Clufe*. Cependant fi la *Prévôté* a perdu des villages, elle en a bâti d'autres depuis ce tems-là; car abftraction faite des rochers qui couvrent une partie du pays, fa population eft très-confidérable vû fa petite étendue : auffi comme dans le refte de la *Suiffe*, il y a une émigration fourde & continuelle de jeunes gens, foit pour être foldats foit pour être domeftiques, dont un grand nombre meurt ou refte dans l'étranger. Mais cette année, une centaine de perfonnes de ce pays là, hommes, femmes, enfans, avec quelques *Neuchatelois* des montagnes & quelques payfans *Bâlois*, font partis tous enfemble & publiquement pour les *Etats-Unis*, où plufieurs d'entr'eux avaient déja des parens établis. On a vu defcendre du milieu de la ville de *Bâle* une grande barque, portant le mot AMERICA fur fon pavillon, pour emmener cette petite colonie fur le *Rhin* jufqu'en *Hollande*, où elle devait s'embarquer.... C'était une fcène bien trifte & bien touchante, que de voir ces émigrans embraffer pour la dernière fois leurs parens accourus fur le bord du fleuve, & regarder avec une émotion inexprimable ces montagnes natales qu'ils ne reverront plus; que d'entendre les vœux & les bénédictions qui les accompagnaient; que d'être témoin des fignes de fouvenir par lefquels, prêts à difparaître ils correfpondaient encore de loin aux regrets de la foule qui les fuivait des yeux....

Oh! puiffent-ils dans cette autre terre de liberté
ne pas regretter celle qu'ils ont quittée, & retrouver au pied des *Apalaches* ou des *montagnes*
bleues une image des lieux où ils ont reçu la naiffance! puiffent-ils près de leur nouvelle habitation avoir une colline, un torrent, un bois,
un rocher, auxquels ils tranfportent le fouvenir
& les noms chéris des collines, des torrens, des
bois & des rochers de la *Suiffe*! puiffe le fol dé-
friché par leurs bras, récompenfer leurs travaux,
en leur donnant en abondance ce pain qu'ils
trouvaient à peine chez eux! Peut-être un jour
un de nos neveux, voyageant en *Amérique*, en-
tendra chanter dans quelque vallée folitaire des
chanfons *Suiffes*, reconnaîtra la fimple architecture de nos *chalets* des *Alpes* & du *Jura*, &
pourra tendre une main *Helvétique* à des concitoyens, qui fans avoir vu leur ancienne patrie
en conferveront encore l'amour, le langage &
les vertus .... Peut-être même nos defcendans
énervés, amollis, privés par leur faute de l'indépendance dont nous jouiffons, & affez faibles
pour furvivre à cette perte, fe retireront vers eux
à travers les mers, élèveront leurs enfans dans
le travail, l'égalité & les mœurs fimples & agreſ-
tes de leurs ancêtres, les rendront dignes de
conferver & de porter le nom de *Suiffe* dans le
nouveau monde, quand il fera effacé de l'ancien .... *Quod omen avertat Deus !* Il n'eft pas
difficile de le prévoir ; l'*Amérique* va devenir
avec le tems, l'afile de tous les malheureux &

de tous les opprimés des autres parties du globe ;
plus fur-tout il y aura en *Europe* de luxe ,
d'inégalité de fortune, de corruption, de révolutions deſtructives des droits naturels de l'humanité foulée au pied par le pouvoir arbitraire
d'un ſeul ou de quelques-uns, plus les *Etats-*
Unis y gagneront en population, en induſtrie ,
& j'oſe dire en vertus, puis que tous ces nouveaux venus auront étudié à la meilleure des
écoles de morale, à l'école du malheur luttant
contre l'oppreſſion.

Les Souverainetés dont ces émigrans ſont
ſortis, ne les en ont point empêchés ; quand
elles en auraient eu le droit, elles ſont trop ſa-
ges pour l'employer : elles ſavent bien que ce
ferait une tyrannie, que de forcer des gens qui
n'y trouvent pas de pain, à reſter dans un endroit parce qu'ils y ſont nés : elles n'ignorent
pas que celui qui garde un animal à ſon ſervice,
doit le nourrir ſous peine de le perdre de manière ou d'autre... mais non ! quoiqu'on en diſe,
l'homme n'eſt point pour un autre homme, une
propriété ſemblable à une pièce de bétail, & il
n'a aucun droit de l'attacher par le licol du deſpotiſme à une glèbe qui ne peut lui fournir le
néceſſaire : un Prince n'a qu'un ſeul titre pour
retenir dans ſes domaines des ſujets trop nombreux, c'eſt de leur procurer du travail, des
établiſſemens & des moyens de ſubſiſtance.

Avant de quitter la *Prévôté*, jettons un coup
d'œil rapide ſur ſon hiſtoire naturelle : ainſi que

tout le *Jura*, elle eft remplie de coquillages
pétrifiés de tout genre, dont les magafins ne
font point épnifés, quoiqu'ils aient' fourni des
pièces très-rares à la plupart des cabinets de
France, d'*Angleterre*, d'*Allemagne* & de *Suiffe* (*).
Le fable de la paroiffe de *Tavannes* d'un grain
blanc & fin, eft employé dans les verreries des
environs. On trouve en différens endroits des
carrières de pierre dure, de pierre molle & de
très-beau tuf; près de *Court*, il y a de l'*ochre*
fort eftimé des peintres, qui, avec quelques recherches pour en augmenter la quantité, pourrait devenir une branche de commerce pour le
pays. Aux environs de *Roche*, il y a beaucoup
de *gyps* dont l'exploitation n'eft point à négliger. Du refte, les richeffes minérales de la *Prévôté* ne font pas encore bien déterminées, faute
d'obfervateur qui y ait fait un affez long féjour
pour la parcourir avec foin : les eaux y font
fraîches, falubres & abondantes; par-tout il y
a des fontaines, & les vallons font arrofés par un
grand nombre de ruiffeaux qui vont groffir la
Byrfe, tels que la *Sorne*, la *Trame*, le *Champos*, la
Chalière, la *Raufe* &c. ce ne font quelques fois
que de maigres filets d'eau, mais à la fonte

(*) Le *Prince-Evêque de Bâle* a fans contredit dans
fes terres, autant de ces *médailles du déluge*, que tout
le refte de la *Suiffe* enfemble.

des neiges & après de longues pluyes, ils s'enflent
confidérablement fans cependant faire de grands
ravages. Les rochers font remplis de cavernes
plus ou moins profondes, dont plufieurs méritent
l'attention du peintre & du naturalifte. Un petit
ruiffeau forti des marais de *Bellelai*, nommé la
Rougeau de fa couleur foncée, après avoir fait
tourner un moulin de la paroiffe de *Tavannes*,
s'engouffre dans une fente de roc. On prétend
que cette même eau renaît à demi lieue plus
loin, près de *Moutiers* dans la belle fource du
Vevey : fi cela eft, il faut qu'elle traverfe dans
ce voyage fouterrain des couches de fable où
elle fe filtre & fe purifie, car elle reparaît de
la plus grande limpidité : la *Byrfe*, ainfi que les
ruiffeaux qui s'y déchargent, eft peuplée de petites truites faumonées, d'un goût très-délicat;
mais elle n'a des écreviffes qu'après avoir reçu
la *Trame* qui en eft remplie; jamais on n'en
rencontre au-deffus de ce confluent, foit que
l'eau trop fraiche ne leur convienne plus, foit
qu'elles n'y trouvent pas les alimens néceffaires.

Le peuple de la *Prévôté* eft en général bien
fait & bien portant; il eft plus robufte quoique
d'un fang moins beau que celui des *Alpes*. L'air
eft pur & fain; & il y a autant de vieillards à
proportion que dans aucune autre vallée du *Jura* :
il y aurait peut-être en automne, le long du cours
de la *Byrfe* & fur les marais du *Val d'Orval*
des brouillards & des exhalaifons nuifibles à la
fanté, fans la fréquence des vents, qui fortis

des différentes gorges des montagnes, balayent les vapeurs & purifient l'atmofphère. Le coftume des habitans du pays n'a rien de remarquable, & l'habillement des femmes reffemble affez à celui des payfannes du *pays de Vaud.*

En général par fon régime civil, par fes beautés naturelles, par fon éloignement des grands théâtres du luxe & de la corruption, & des fcènes révoltantes du pouvoir oppreffif, la *Prévôté* eft une des vallées de la *Suiffe*, où l'homme fimple, libre & laborieux peut mener la vie la plus heureufe. Virgile en aurait dit certainement, s'il l'eut connue (*),

O fortunatos nimium, fua fi bona norint!

(*) Cette defcription du *Munfterthal*, telle qu'elle a paru dans les *Etrennes Helvétiennes* de 1788, vient d'être traduite en *allemand* & inférée dans le *Mufeum Helvétique de Zurich* n. VII. 1788. Il eft à regretter que le traducteur n'ait pas attendu la publication de *ces lettres*, parce qu'avec les corrections & les changemens qu'on a faits à ce morceau, il aurait été plus exact, plus complet & plus digne du public éclairé.

LETTRE V.

Quittons un moment le chemin de *Bienne*, pour vifiter l'abbaye de *Bellelay* & fon voifinage, dont la defcription fera peut-être pardonner par nos lecteurs l'écart que nous allons faire hors de la route qu'indique le titre de *ces lettres*, & dont la vue dédommagera à coup fûr le voyageur d'un détour de quelques lieues.

En fortant du village de *Tavanne* du côté du *nord*, on trouve des bois jadis contigus, maintenant féparés par des pâturages & des défrichemens : après deux lieues d'une route peu variée dans un payfage trifte & monotone, on découvre tout-à-coup à l'entrée d'une vallée étroite & folitaire de hauts clochers, de vaftes édifices & tout ce qui annonce la richeffe & l'induftrie en fait de culture & de bâtimens : c'eft *Bellelay*, abbaye de *Prémontrés*, ou fi vous voulez, chapitre de chanoines réguliers de *St. Norbert*; car c'eft la même chofe. Les uns placent la date de fa fondation en 1136, les autres quatorze ans plus tard; ce qui n'eft pas une bagatelle en chronologie : quoiqu'il en foit, c'eft un ouvrage de la peur; l'anecdote fuivante, duement conftatée par tous nos chroniqueurs, en eft la preuve. *Sigenand*, prévôt des chanoines de *Moutiers*, était grand chaffeur, & promenait fréquemment fon oifiveté dans les vallées voifines de fa demeure. Un jour qu'il pourfuivait avec ardeur une *laye*, il s'enfonça dans les vaftes forêts qui bornaient fes domaines vers le nord : égaré dans leur profondeur ténébreufe, féparé de fa fuite, errant çà & là pour trouver une iffue, il y paffa la nuit dans une inquiétude mortelle : les courfes & les recherches du lendemain, furent auffi vaines que celles de la veille; fes cris ne furent entendus de perfonne, & l'épais rideau de fapins qui l'enfermait ne laiffa entrevoir aucune ouverture pour s'échapper : enfin le troifième jour, prêt à périr de fatigue & de faim, il fongea à intéreffer le ciel à fa confervation fuivant la coutume de ces tems là; il mit pieufement un prix à la délivrance qu'il follicitait, & fit vœu de bâtir une églife & un couvent fur la place même où il fe trouvait, en cas qu'il put fe tirer de ce labyrinthe inextricable. Bientôt après il parvint à fortir de cette forêt fatale, & tint fidèlement fa promeffe : il voulut même que le lieu conferva le nom de l'animal qui avait rifqué de le faire périr dans ces déferts; voilà l'origine de *Bellelay*. Nous trouvons dans nos annales un grand nombre de vœux pareils, où l'homme fixe la valeur des graces qu'il follicite de la divinité, & paye le prix convenu; mais il n'en eft guères de plus fingulier que celui de *Claude d'Arberg comte de Vallengin* : s'étant embarqué à Gènes en 1500, pour aller au *Jubilé* féculaire de *Rome*, ce fei-

gneur qui n'était point marin , eut grande
frayeur d'une bourrafque qui s'éleva dans la traverfée , & fit vœu , fi jamais il remettait le pied
fur le continent, de bâtir dans fes terres un
temple à *notre Dame*, & qui plus eſt de le *bâtir
fur l'eau* : la chofe réuffit , & heureufement arrivé à fa deftination, il obtint du St. Pere que
ce temple ferait une collégiale avec cinq chanoines & un prévôt : de retour à Vallengin , il fut
très - embarraffé à remplir fon vœu fuivant la
teneur de fon engagement : n'ayant ni lac, ni isle
à fa difpofition, il jetta une voûte folide & large
fur le torrent qui paffait au pied de fon château , & fur ce pont il bâtit fon temple qui
fubfifte encore.

Vingt ans après fa fondation ; *Bellelay* fut
érigé en *Abbaie* par l'Evêque *Ortlieb de Vro-
bourg* , & comme c'était une dépendance du
chapitre de *Moutiers* , le couvent s'en racheta
au moyen d'une redevance annuelle : elle n'eft
pas confidérable ; c'eft une livre de *cire*. Ce
n'eft que depuis le concile de *Conſtance* que
l'abbé décoré du titre de prélat, porte la croffe
& la mitre dans les grands jours, & que l'abbaie jouit par rapport à fes droits & jurifdic-
tions, de grands priviléges que lui accorda
l'empereur Sigifmond , malgré l'Evêque de Bâle
à qui ces conceffions n'étaient pas avantageufes :
le même Empereur établit en 1415 *Soleure* &
Bienne pour protecteurs de l'abbaie , qui jouit
encore de leur combourgeoifie folemnellement
renouvellée par chaque nouvel abbé : *Bellelay*

avait aussi autrefois une pareille liaison avec *Berne*; mais elle ne subsiste plus. Sitôt qu'un abbé est mort, le grand Baillif de *Delémont*, vient au nom du *Prince-Évêque* se mettre en possession de tout le temporel, jusqu'à la nouvelle élection, qui ne tarde pas à se faire.

L'église est simple & vaste; le chœur renferme le tombeau de *Sigenand* son fondateur. Grace à un nouveau bréviaire très-bien fait, l'office y est moins long que dans la plupart des couvents, mais aussi il y est chanté avec plus de goût, & par des voix plus harmonieuses & très-exercées : le couvent est assez bien bâti; l'*abbatiale* est belle & proprement meublée; les jardins sont soignés & en bon état; tous les détails économiques d'agriculture, de vacherie, &c. sont tenus dans le meilleur ordre : c'est un plaisir de parcourir de grandes étables remplies de troupeaux, des granges pleines de gerbes & de fourrages, des greniers où la récolte ne laisse plus de place, & sur-tout de savoir que toute cette richesse champêtre n'est pas consumée à pure perte : car ce couvent n'a point oublié comme tant d'autres aussi riches que lui, que l'aumône & la bienfaisance ont été souvent & devaient être toujours le principal but des fondations pieuses. A toute heure du jour on distribue du pain à sa porte; chaque passant a une miche d'environ une livre; plusieurs familles des villages voisins en obtiennent de cinq à six livres deux fois par semaine : en 1786, la distribution a passé 1000 quintaux; ce pain,

dont j'ai goûté eft noir, mais bien fait, bien
cuit & d'une très-bonne faveur : outre cela, ce
couvent par une bienfaifance plus utile encore que
l'aumône, parce qu'elle a des fuites plus dura-
bles, a confacré un bâtiment féparé à un établiffement bien précieux. On y nourrit, habille,
inftruit & élève dans les ouvrages de leur fexe
feize orphelines, choifies comme jufte dans les
villages dont les dixmes appartiennent à l'abbaie :
c'eft avec une fatisfaction bien douce qu'on voit
que fidelles à l'efprit de leur inftitut, ces religieux ne fe bornent pas à prier Dieu de faire
du bien, mais qu'ils en font eux-mêmes en fon
nom, légitimant ainfi l'abondance qui règne parmi eux. Les yeux feuls font frappés des bâtimens, des tableaux, des jardins de cette abbaye,
mais le cœur nage dans la joie quand il trouve
que l'humanité a auffi fa partie ; & plus que de
tous les autres édifices de *Bellelay*, j'ai été
charmé de la petite falle où j'ai vu ces orphelines coudre, filer, devider, tricoter, fous les
yeux vigilans de leurs maîtreffes, qui ne négli-
gent point de leur inculquer les principes de
cette religion confolante, la meilleure, la plus
tendre amie de l'infortune & de la pauvreté.
Leur nourriture eft faine & abondante, leurs
heures d'inftruction & de travail font fagement
entremêlées d'heures de recréation, & c'eft autant par cette inftitution que par les prières
des religieux, que j'aime à croire que la bénédiction célefte repofe au milieu d'eux.

   Ce n'eft pas tout : il y a quinze ans environ
que

que le refpectable abbé *de Luce* penfa qu'en fer-
vant Dieu, on pouvait auffi fervir les hommes :
il détermina chacun des religieux en qui il reconnu l'aptitude & les talens néceffaires à con-
facrer quelques heures de fon tems à l'éducation; il fit bâtir en face de l'abbatiale un vafte
corps de logis, commodément diftribué, pour
fervir de féminaire : les revenus de fon couvent
lui permirent de mettre un prix fort modique à
la penfion des élèves, (*) & bientôt il y en eut
foixante tant *Allemands* & *Alfaciens* que *Suiffes* :
ils ont toutes les leçons néceffaires, même celles
de danfe & d'armes; ils font foigneufement furveil-
lés foit dans leurs études, foit dans leurs délaf-
femens : chacun d'eux fuivant l'état qu'il doit
embraffer, le militaire, l'églife ou la robe, reçoit
des inftructions afforties à fa vocation, & don-
nées avec intelligence, douceur & affiduité. Comme la plupart des jeunes gens qu'on leur confie
font deftinés aux armes, les élèves portent un
petit uniforme bleu & rouge, font l'exercice
à certains jours marqués, paffent en revue,
s'accoutument aux diverfes évolutions & gagnent
à tout cela, fanté, force, & agilité ; quelquefois
on leur fait jouer la comédie, ils font eux-mêmes l'orcheftre & les acteurs : on ne peut rien

---

(*) Vingt-quatre livres de France par mois ou un
abonnement de dix-huit louis par an, qui comprend
les leçons extraordinaires, l'habillement, les armes,
&c.

L

de mieux entendu que ce féminaire : c'eft une
grande reffource pour la jeuneffe de la *Suiffe
catholique*, qui manque fouvent dans fes villes
natales, des moyens d'une faine éducation, &
à qui les bornes étroites de fes revenus ne permettent en général ni les univerfités, ni les
penfions laïques, plus faites pour enrichir les
maîtres que pour inftruire les élèves. C'eft ainfi
que ces bons religieux, privés par leur état des
plaifirs de la paternité, trouvent à placer utilement leurs affections dans ces enfans adoptifs.
Quand les parens des éleves viennent les vifiter
ils font parfaitement reçus & accueillis dans l'abbaye : en général on peut dire qu'il n'y a gue-
res de couvent où l'hofpitalité foit plus noble-
ment & plus journellement exercée qu'à *Bellelay* : tout voyageur honnête fait fa révérence à
monfieur l'abbé, prend place à fa table, occupe
fans gène & auffi longtems qu'il veut un appartement commode & propre, & trouve à paffer
fon tems fort agréablement, foit dans la converfation de plufieurs peres pleins d'efprit & de favoir, foit dans la bibliothéque qui commence à
fe remplir des meilleurs ouvrages en tout genre,
foit dans la vue des leçons, des exercices &
des jeux de la nombreufe jeuneffe du féminaire.

Depuis quelques années on remarque les progrès fenfibles de la raifon dans plufieurs couvens de la *Suiffe* & du voifinage : elle leur a
appris, plus encore que la *crainte de la féculari-
fation*, que pour fubfifter folidement, ils doivent
prendre pour bafe l'utilité publique : & ils ne

fauraient mieux mériter de la fociété, qu'en
contribuant à l'éducation; comme ils peuvent la
donner bien moins chérement que dans toutes
les maifons qui font de l'inftruction de la jeuneffe une branche de commerce, que les religieux ont beaucoup de tems à eux, & que leurs
revenus confiftent le plus fouvent en comefti-
bles de tout genre, il eft certain que cette tâche
à la fois utile & honorable les regarde directement, & qu'ils font tenus de la remplir, fous peine de paffer pour pareffeux ou ignorans, & peut-
être pour tous les deux.

Le féminaire de *Bellelay* eft donc une reffource très-précieufe furtout pour les jeunes
gentilhommes des environs prefque tous deftinés au fervice; ils paffent là quelques années
qu'ils perdraient à coup fûr chez eux, le plus
économiquement & le plus utilement poffible:
leur moral s'y développe & s'y perfectionne,
& leur phyfique s'y fortifie : ils ne font jamais
feuls, même dans leurs amufemens, & des pré-
fets couchent dans les grands dortoirs où cette
jeuneffe eft diftribuée. Le grand nombre des
peres du couvent donne une heureufe facilité
pour cette furveillance exacte & foutenue, fi
néceffaire à toute bonne éducation : ce n'eft pas
comme dans les penfions ordinaires, où deux
perfonnes au plus, chargées d'une douzaine d'é-
leves, & paffant fucceffivement des détails économiques, aux leçons, à la correfpondance, aux
foins de la fanté, &c. ne peuvent faire l'ouvrage de douze pères & de douze mères; car tout

homme qui garde des penſionnaires eſt tenu en
bonne morale à repréſenter & à remplacer en
tout point les parens qui lui confient leurs enfans avec tant de ſécurité.

J'aime & je révère beaucoup la mémoire de
l'Abbé *de Luce* qui a rendu un ſi grand ſervice à
la ſociété par l'érection de cet inſtitut; je le
canoniſerais volontiers dans les faſtes de l'éducation & de l'humanité, & je deſirerais qu'on
donna au public reconnoiſſant ſa gravure avec
l'emblème ingénieux qui rappelle ſon nom &
ſon ſouvenir au - deſſus de l'eſcalier de ſon ſemi-
naire. C'eſt le *ſoleil* qui luit ſur de jeunes *ſeps*
avec cette déviſe, *a Luce maturitas.*

Les alentours de *Bellelay* ſont couverts de
ſapins ſauvages & mélancoliques; de grands
jardins & quelques allées dans les forêts voiſines ſervent de promenades; il n'y a de vue un
peu étendue, que des fenêtres de la bibliothe-
que qui donnent ſur l'agreſte vallée de *Sornetan.* Dans les environs ſont des vacheries très-
bien entretenues : c'eſt là que ſe fait un fromage marbré, fort connu des amateurs qui le mettent de pair avec le *Gruyères*; il a la forme d'un
cône tronqué & doit peſer de dix à quinze livres; quand il eſt d'une autre forme ou d'un
poids plus grand , ont prétend que le goût
en eſt moins délicat. Quoiqu'on ne le fabrique
pas dans l'abbaie, il porte cependant le nom
de *fromage de Bellelay.*

La *Sorne,* qui prend ſa ſource dans les cours
du couvent, raſſemble peu à peu pluſieurs pe-

tites fources, defcend par un terrein marécageux
que l'on pourrait faigner fort aifément, & donne fon nom au village de *Sornetan* au pied duquel elle paffe : ce village érigé en paroiffe feulement depuis 1745, eft le chef lieu du *Petit
val*, dans lequel il y a grand nombre de hameaux, & de maifons éparfes : il eft avantageu-
fement fitué fur une colline, à l'extrêmité de la
vallée dont *Bellelay* occupe l'autre bout : il parait que la fimplicité de mœurs s'y eft mieux
confervée que dans le refte de la Prévôté, dont
une chaîne de montagnes le fépare ; cela vient
probablement de fon éloignement des grandes
routes. Ce petit diftrict n'eft pas fertile ; mais
l'activité laborieufe de fes habitans en tire tout
le parti poffible pour les champs & les paturages.

Nous ne quitterons point ce village ifolé,
fans dire que le pafteur de la paroiffe & fon
frere (*) ont confacré leur piété filiale, en gra-
vant fur le tombeau de leur mère morte depuis
peu, ces vers d'un genre fimple & analogue à
la fenfibilité de toute ame honnête, qui aime à
trouver la confolation à côté de la perte.

Mère tendre & chérie ! ô toi qui fus pour nous
De la bonté célefte un gage fûr & doux !
Bien mieux que cette pierre infenfible à ta gloire
Le cœur de tes enfans conferve ta mémoire :
Là ton amour fans borne & tes aimables traits

(*) Mrs. *Baillif* de la *Neuveville.*

Sont à jamais gravés ainfi que tes bienfaits.
Efpoir confolateur ! au tombeau defcendue,
Pour nous tu n'es qu'abfente, & tu n'es point perdue :
Ton ame à nos deftins fans ceffe veillera ;
Et ta voix protectrice en fecret nous dira
Sur la terre, il eft vrai, vous n'avez plus de mère,
Mais vous avez aux cieux un ange tutélaire.

Ce n'eft pas dans les cathédrales des grandes
villes, foiers de l'égoïfme & de l'infenfibilité,
que j'irai voir ces monumens de marbre, ces
ftatues qui font femblant de pleurer comme celui qui les a érigées, ces infcriptions en lettres
d'or, que la vanité chargea de titres faftueux
& la flatterie d'éloges menfongers . . . . non ; mais
c'eft dans les campagnes, où les liens des familles font encore quelque chofe, où l'on n'a pas
honte de dire mon père, & ma mère, où le
deuil de la perte des fiens n'eft pas feulement
le mafque de la convenance extérieure ; c'eft
là que j'aime à vifiter quelque églife obfcure,
ou à parcourir l'étroite enceinte d'un cimétiere
ignoré ; c'eft là que je me plais à déterrer une
fimple pierre fepulchrale chargée de quelques
mots ou de quelques vers fans prétention, à la
regarder non comme une oftentation mais
comme un foulagement de l'affliction intérieure,
& à verfer quelques larmes défintéreffées & pieufes, moins fur l'homme de bien qui repofe dans
l'éternelle paix, que fur ceux qu'il a laiffés ex-
pofés aux tempêtes de la vie.

En-deffous du village de *Sornetan*, la *Sorne*
déja groffie de plufieurs ruiffeaux s'enfonce, après
avoir fait tourner les roues d'un moulin voifin,
dans les gorges effrayantes du *Pichoux* : c'eft le
pendant des roches de *Mouriers* & de *Court* dé-
crites dans les lettres précédentes, mais d'un
genre encore plus finiftre & plus fublime : l'entrée eft au pied d'une montagne comme fendue
en deux & déchirée par quelque violente con-
vulfion du globe; le paffage eft fi étroit, que
les fapins élancés des deux côtés forment une
voûte qui dérobe la vue du ciel : pendant plus
d'un quart de lieue, le fentier fuit un rebord du
rocher à peine tenable; ce n'eft fouvent qu'une
faillie de quelques pouces, ou la pointe d'un
bloc détaché du refte ... Si l'on gliffe, on tombe dans le torrent qui bouillonne à vos pieds;
à droite & à gauche, découlent des cavités fupé-
rieures, plufieurs filets d'eau plus ou moins forts,
dont on n'évite la chûte qu'en fautant d'une
pierre à l'autre, à travers les arbres renverfés
qui croifent le lit de la rivière : les rocs qui forment les parois latérales font, ici taillés à pic,
là hériffés de pointes & d'angles tranchans; les
uns repofent fur une bafe folide, les autres prêts
à perdre leur centre de gravité tomberont au
premier choc; dans quelques endroits, ils font
entaffés comme un mur formidable, dont la vé-
gétation met à profit tous les interftices, pour
y placer des arbriffeaux, des gramens ou des
mouffes; dans d'autres, ils font percés de grottes, criblés de trous profonds, difpofés en bancs

L 4

& en gradins fucceffifs; par tout il y a défordre, tumulte, éboulement, menace, & deftruction arrivée ou fur le point d'arriver; la nature
ne pouvait guère accumuler plus d'horreur &
plus de majefté dans un auffi étroit efpace . . . .
C'eft un drame bien lugubre qui renferme lui
feul plus de fcènes d'effroi & d'incidens défaf-
treux que dix tragédies enfemble.

Dans le nombre des cafcades qu'on rencontre
au *Pichoux*, on en diftingue fur tout une à trois
étages qui préfente une triple chûte d'eau; rien
de plus riche & de plus magnifique quand le
torrent eft groffi; dans fon premier faut tombé
du haut du rocher, comme dans un vafe profond affez régulièrement taillé en forme de conque marine, il s'y brife en pouffière, s'y blan-
chit en écume, fait bouillonner avec un mugif-
fement fourd tout le volume d'eau qui le reçoit
& inonde les bords de ce réfervoir naturel pour
fe jetter avec fracas fur une large table de pierre,
d'où il fe précipite enfin fur un niveau de rocaille qui lui fait un lit moins incliné : ce coup-
d'œil eft d'autant plus frappant, qu'on ne peut
s'empêcher d'oppofer la belle ordonnance de ces
eaux avec le défordre de leurs alentours, variés
chaque printems par la chûte de quelque nouveau pan des rochers fupérieurs.

J'en appelle à ceux qui l'ont vu; les fublimes
beautés de cette vallée feront toujours au-deffus
de tous les efforts du poëte & du peintre pour
les retracer à l'imagination, à l'aide des mots ou
des couleurs. Non, les fenfations mélancoliques,

les émotions finiſtres & profondes, l'horreur reli-
gieuſe qu'on éprouve dans ce fanctuaire de la
deſtruction, ne peuvent ſe rendre d'aucune manière : le ſpectateur qui ſe replie ſur ſa propre
penſée y trouve une impreſſion analogue à l'expreſſion extérieure de tout ce qui l'environne,
& prenant, (ſi je puis rendre ainſi mon idée)
le caractère des lieux où elle ſe trouve, l'ame
devient comme la cire qui garde fidellement l'empreinte du cachet qu'on y applique.
 En ſuivant la pente de cette vallée, qui n'a
ſa pareille peut-être qu'aux pieds des glaciers de
nos *Alpes*, on la voit s'élargir & s'adoucir peu-
à-peu, & bientôt la ſcène la plus gracieuſe ſuc-
cède à ces affreuſes beautés : on dirait qu'on
ſort du domaine des *Furies* pour entrer dans le
jardin des *Nayades*. Un petit bois ſe préſente,
& à travers le clair branchage des ſapins, vous
voyez jaillir d'un terrein mouſſeux ſept ſources
abondantes & limpides, qui formant autant de
petits ruiſſeaux coulent ſans bruit vers la *Sorne* : la mobilité du feuillage & des eaux qui
ſe jouent ſous l'œil attentif à les fixer, donne à
tout ce payſage un air de mouvement & de vie....
A chaque pas vous croyez rencontrer une nymphe qui renverſe ſon urne : on dirait l'humide
berceau des fleuves ſi bien décrit par *Ovide*. Auſſi
le nom de l'endroit répond-il à la choſe : c'eſt
Belles fontaines.... Mais c'eſt au printems ſur-
tout qu'il faut le voir; alors tout eſt ſource :
chaque arbre, chaque rocher enfante une fontaine; chaque gramen, chaque mouſſe diſtille

une eau pure & tranfparente : toute la colline
n'eft qu'une nappe humide & mobile, qui reflete
les buiffons & les arbres qu'elle abreuve. La
principale de ces fources s'échappe d'un canal
haut de trois pieds fur deux de large : quelquefois il eft fi plein, que l'eau regorge par un
fecond canal, placé quinze pieds plus haut, per-
pendiculairement au-deffus du premier : en tems
de féchereffe, on peut s'enfoncer dans ces ou-
vertures & en parcourir les détours & les pro-
fondeurs. Voici la defcription qu'en donnent des
gens inftruits qui y ont été plufieurs fois.

Dès qu'on eft entré dans la grotte, le paffage
devient un boyau très-étroit, qu'il faut parcourir en rampant, jufqu'à un puits de quatre pieds
de diamètre fur fept à huit de profondeur, dans
lequel on fe laiffe gliffer : là on trouve à gauche
une feconde galerie moins écrafée, mais pas affez
haute cependant pour s'y tenir debout, qui fe
prolonge à-peu-près dans la même direction vers
le centre de la montagne : les plans inférieurs
& fupérieurs de ce canal font d'une pierre feuil-
letée qui reffemble à la *lave*, & les côtés font
formés par des couches horizontales & alterna-
tives de roc ordinaire, de granit & d'argile,
faites avec tant de régularité qu'on prendroit le
tout pour un ouvrage de l'art. Plus loin on entend un bruit fourd qui annonce à l'oreille une
cafcade fouterraine, fituée dans quelque grotte
voifine, mais fans communication vifible avec
celle où l'on fe trouve. Cet aqueduc naturel qui
a au moins 300 pieds de long fe termine par

une fente entre les bancs d'un rocher perpendi-
culaire : en s'y gliffant, on arrive au réfervoir
même, centourné en forme de limaçon & dont
l'évafure fe rétrécit à mefure qu'elle fe rapproche
du fond. On peut y defcendre plus ou moins
bas, fuivant qu'il y a plus ou moins d'eau :
çette eau eft de la plus grande limpidité, & les
bords du baffin font incruftés de concrétions
criftallines : pour ne pas revenir par le même
chemin, on peut en grimpant entre les divers
bancs du roc qui borde le réfervoir, trouver
une galerie fupérieure qui fuit la même direction que l'inférieure & qui aboutit à l'ouverture
dont nous avons déja parlé : elle reffemble beaucoup à la première, à cela près qu'elle n'eft
pas fi régulière : elles ont une communication,
foit auprès du réfervoir, foit à environ trente
pieds de l'arcade extérieure; dans ce dernier endroit, il y a comme une efpèce de cheminée,
par laquelle on paffe de l'une à l'autre.

Toute cette montagne bien digne de l'attention du naturalifte, eft percée d'une multitude
de grottes & de canaux : plufieurs font ordinairement à fec; on peut, fi l'on connaît l'art de
voyager fous terre, pénétrer très-avant dans fon
intérieur, & recueillir des obfervations intéref-
fantes fur les diverfes couches de roc, la formation
des ftalactites & les manœuvres hydrauliques de
la nature.

Le village d'*Undervillers* qui termine la vallée
que nous parcourons, renferme des forges très-
connues, où l'on amène le fer fondu à *Corren-*

delin. C'est la *Sorne* qui fait mouvoir les foufflets
& une partie des marteaux néceffaires à ce pénible travail. Là, les énormes maffes forties du
fourneau de l'*ufine* fe morcellent fur de bruyan-
tes enclumes : ces morceaux fe fubdivifent,
s'allongent, fe trempent, fe mettent en œuvre
de mille manières ; & l'imagination fe plait à
fuivre ce métal fous toutes ces mains laborieu-
fes, jufqu'à ce qu'elle en voie fortir le foc du
laboureur ou le poignard de l'affaffin, le reffort
d'une montre ou le boulet rouge qui va porter
l'incendie foit dans les cités, foit fur les vaif-
feaux : vues pendant la nuit, ces forges rappellent à l'efprit frappé & de l'ardeur de la four-
naife & du péril des ouvriers qui femblent s'y
plonger, les atteliers de l'*Ætna* & ces *Cyclopes*
enfumés que *Virgile* a peints fi naturellement
qu'on croit voir jaillir autour de foi les étincel-
les de l'acier, & entendre les coups alternatifs
des lourds marteaux,

Qui tombent en cadence & domptent les métaux.

Sybarites délicats de nos grandes villes, entrez un moment dans ces noires demeures du
travail ; voyez-y vos femblables, pour fournir
les inftrumens néceffaires à vos befoins & à votre luxe, plongés dans la flamme, courbés fur
des enclumes brûlantes, tout fumans de fueur ;
allez enfuite chercher un fommeil pénible fur
des couffins, que vous fatiguerez pendant douze
heures du poids de votre inutilité ; puis paffez
du lit à la table ou à la promenade, faites-y
fuccéder le jeu, les fpectacles & la lecture des

feuilles éphémères de la frivolité; repouffez par
mille paſſe-tems divers l'ennui qui s'acharne à
vous ſuivre pas à pas. . . ; vous avez beau faire,
ces pauvres forgerons, que vous ne voudriez
pas toucher du bout du doigt & que vous croyez
ſi inférieurs à votre importance, ſeront plus heureux que vous : pour contrebalancer leurs fatigues journalières, la nature leur donne l'appétit,
le ſommeil, la gaîté & le·contentement.·Ils ſont
hommes, parce qu'ils ſont utiles, tandis que vous...
vous en perdez le titre & les droits par un déſœu-
vrement inexcuſable : vous·ètes des ètres abſolument *inſignifians* dans la ſociété, malgré vos
millions, malgré vos ſeize quartiers, malgré les
cordons & les‑croix qui vous décorent : car
l'homme. actif & occupé eſt ſeul quelque choſe
aux yeux de la raiſon ; il·fait nombre & peut-
être compté ; tandis que celui qui ne fait rien
équivaut à zéro. C'eſt le *fruges conſumere natus*
d'Horace, un *moulin à . . . . digeſtion* comme l'aurait traduit *Sterne*.

Entre les·forges & le village d'*Undervillers* on
rencontre ſur la route la *grotte de Sainte Colom-*
be (*) ; c'eſt une belle arcade taillée des mains
de la nature, profonde de quatre vingt pieds &
large d'environ ſoixante : du haut de la voûte
tombe une ſource fraîche ; elle forme au fond de
la caverne un étang qui ſe vuide dans la *Sorne*

(*) On ne ſait d'où lui vient ce nom : les chroniques,
les légendes, la tradition populaire n'ont rien appris
ſur ſon origine qui mérite d'être rapporté.

tout auprès : fur le devant, entre la grotte & la rivière., s'élève une croix au bord du grand chemin : c'eſt là que les mères du voiſinage portent leurs enfans faibles & rachitiques, les plongent dans cette eau dont la vertu eſt très-renommée, & leur font recevoir une douche fortifiante en les plaçant fous la caſcade qui tombe du haut du rocher. Quelquefois avant ou après ce bain, vous voyez une femme, fon fils entre les bras, tomber à genoux devant la croix voiſine, fondre en larmes, & épancher fon cœur maternel dans la fource des miféricordes. Ces mères éplorées, ces enfans malades, cette croix antique, cette caverne fombre & humide, cette eau qui y tombe avec un bruit fourd & monotone, ces alentours mélancoliques encadrés par des rochers ſtériles, & coupés par un ruiſſeau mouſſeux, l'éloignement de tout ce qui s'appelle luxe, grandeur, inégalité de conditions, ramènent l'ame affectée au fein de la nature, par des fenfations conformes à cette ſcène intéreſſante : & quand cette fource ne ferait qu'une fource ordinaire, l'imagination ne s'en éléverait pas moins vers cette providence, qui peut donner à un verre d'eau les mêmes propriétés qu'aux remedes les plus actifs. Oui, en tout tems la religion fut le premier des médecins : fi le corps ſouffre, elle réjouit le cœur ; fi les membres font malades, elle verfe fur l'ame un baume confolateur qui influe beaucoup fur le phyfique, furtout dans les claſſes inférieures de la fociété ; & la dévotion de ces bons payfans pour la *grotte de Sainte Colombe* tient de fi près à l'efpérance, & l'efpérance eft fi voifine du bonheur, que ce ferait une cruauté, d'empêcher les mères de porter leurs enfans du pied de la croix dans les eaux de la fource dont nous parlons, ou de leur perfuader qu'elles n'ont de vertu que celle que leur fuppofe la tradition ou le préjugé.

D'*Undervilliers* de belles routes mènent à *Delémont* ou à *Porentru.* Cette dernière ville fituée fur la *Halle*, eft la réfidence ordinaire de l'Evêque : *Henri de Neuchâtel* l'acheta en 1271 , pour 260 marcs d'argent, du comte *Godefroi de Neuchâtel* fon coufin ; & cet aggrandiffement fut la caufe principale des longues guerres que ce Prélat foutint contre *Rodolph d'Hapsbourg*, avant fon élévation à l'empire. Comme d'un côté le château de *Porentru* était refté entre les mains des comtes de *Montbelliard*, qui avaient certains droits à retirer de la ville en argent & en denrées, & que de l'autre la bourgeoifie jouiffait de grandes immunités, cette acquifition fut peu de chofe fous *Henri.* Son fucceffeur *Henri de Ifni*, plus connu fous le nom de *Gürtelknopff*, la rendit bientôt plus importante. C'était un moine rufé, qui envoyé à *Rome*, afin de folliciter l'Evêché pour *Pierre de Reichenftein*, prévôt des chapitres de *Mayence* & de *Bâle*, le demanda & l'obtint pour lui-même : dès qu'il fut affermi fur ce fiège fi frauduleufement occupé, il chercha à être maître abfolu de *Porentru* & du pays d'*Ajoie* (*Elsgau*) où cette ville eft fituée : il s'accorda d'abord affez bien avec *Didier*, comte de *Ferrette* , qui lui céda fes droits pour 180 marcs d'argent; mais *Renaud de Montbelliard* refufa de vendre les fiens, & fe joignit pour reprendre *Porentru* à ce même *Didier* que l'Evèque chicanait fur les limites de fa vente; & au comte *Amedée de Neuchâtel*, qui réclamait comme inaliénables les domaines de fa maifon que fon coufin *Henri* avait laiffés par teftament à l'églife de *Bâle*. Le Prélat eut d'abord du deffous & s'adreffa à l'Empereur dont il avait été fécretaire, pour être maintenu dans fes poffeffions ; *Rodolph* déja brouillé avec ces trois comtes qui lui refufaient hommage, accourut avec une armée en 1283, leur enleva *Porentru*, le remit à l'Evèque & fit trancher la tète à *Didier de Ferrette*, promoteur de cette guerre. Bientôt après étant occupé au fiège de *Payerne*, il craignit des répréfailles, & redemanda par une lettre très-preffante *Jacob de Grandfon*, fait prifonnier dans une rencontre ; les comtes furent affez faibles pour le rendre à ce Prince encore teint du fang de leur coufin. Enfin, grace à la protection & aux armes impériales, l'Evèque obtint en toute propriété *l'orentru*, l'*Ajoie*, le val *St. Ymier*, & les droits fur *Bienne* & la montagne de *Dieffe*, que fes ennemis lui conteftaient. Peu de tems après l'Empereur confirma les anciens privilèges de *Porentru*, & lui en accorda de npuveaux, qui reftreignirent beaucoup le pouvoir épifcopal dans cette ville. Ces chartres confervées jufqu'à nos jours, ont été felon la coutume fort diverfement interprêtées par le prince & par les fujets

, &

& ont déja très-fouvent occafionné entr'eux des démêlés bien funeftes. Comme *Porentru* fut dès lors plufieurs fois aliéné par des Evêques dé-penfiers , ce n'eft proprement que depuis 1461 , que cette ville rentrée dans le domaine de l'é-glife , n'en a plus été féparée. Quelques années après on rebâtit folidement fur une colline le château actuellement fur pied , qui fert de de-meure aux Princes.

La ville de *Porentru* & les vingt paroiffes voi-fines qui compofent le Doyenné d'*Ajoie* , ont été jufqu'en 1779 du diocèfe de *Befançon* ; il en réfultait mille défagrémens pour les Evêques qui n'étant point maîtres chez eux pour le fpi-rituel, ne pouvaient faire aucune fonction épif-copale dans leur réfidence , fans la permiffion du diocéfain , & dépendaient ainfi d'un official étranger : quoique tous fes prédéceffeurs euffent échoué dans les négociations à ce fujet, le Prin-ce de *Vangen* parvint il y·a dix ans , à conclure un traité d'échange avec le fiège de *Befançon* , lui céda en retour 29 paroiffes de fon diocè-fe en *Alface* , lui conferva les dixmes & redevan-ces eccléfiaftiques dans la partie qu'il reprit à lui, & s'engagea à donner à chaque nouvel ar-chevêque , en reconnoiffance de cet arrangement & comme hommage de gratitude , une croix pectorale d'or : par cet échange très-bien enten-du , l'Evêque a maintenant tout pouvoir fpiri-tuel dans fes propres domaines , & ce ne font plus des prêtres *Bourguignons* ou *Alfaciens* qui viennent deffervir fur la nomination d'un Prélat

M

étranger, les cures de *Porentru* & de l'*Ajoie*, en y apportant souvent un esprit & des maximes fort contraires aux vrais intérêts du pays.

Pour arrondir ses possessions temporelles, le même Evêque fit aussi quelques échanges avec la *France*, entr'autres la seigneurie de *Malnuit* contre celle de *Franquemout* : Les sujets de l'Evêché qui devinrent *Français* par cet arrangement s'en plaignirent avec amertume ; mais ils n'étaient pas en assez grand nombre, pour prouver victorieusement à leur ancien maître, qu'il n'avait pas le droit pour une convenance très-peu essentielle, de les rendre plus malheureux : car appartenir à un bon gouvernement, est pour l'homme quel qu'il soit, une propriété aussi sacrée & aussi respectable que celle du champ qu'il hérite de son père ; & si la politique autorise le plus fort à lui ôter ce bien, en le faisant passer sans son consentement sous une autre souveraineté, certainement la morale regarde cette coaction comme un attentat sacrilége aux droits les plus inaliénables de l'humanité. Il y a bientôt un demi siècle que la belle abbaye de *Lucelles*, à deux lieues de *Lauffon*, a passé entièrement sous la domination *Française* : la plupart des religieux quoique originaires de l'Evêché le desiraient vivement ; mais on dit qu'ils ont bien changé d'avis à présent que leurs tanneries sont grèvées d'impôts jusqu'alors inconnus, qu'ils ont été obligés de payer £. 2000 la permission d'élire un coadjuteur, &c. &c.

Quelques favans ont prétendu retrouver dans
Porentru l'ancienne *Amagelobrie* : c'eſt là felon
eux, qu'*Arioviſte* fut vaincu par *Jules Céfar* ;
une colline du voiſinage, nommée *Monterri* ,
(*Mons terribilis*) où l'on reconnait quelques traces de lignes & de foſſés, doit avoir été ce fameux camp Romain ſi bien décrit, dans les *commentaires*, & comme on trouve à quelque diſtance de la ville, mais d'un autre côté , un énorme rocher groſſièrement taillé , percé dans ſon
centre & placé ſur un monticule qui parait clairement n'être pas ſa baſe naturelle , ils conjec-
turent de plus, que c'eſt un monument de la
victoire d'*Arioviſte* ſur les *Gaulois* ; de manière
que d'après leurs idées, il y a eu deux com-
bats aux environs de *Porentru* ; le premier où
Arioviſte ayant paſſé le Rhin fut vainqueur des
Séquanais ; le ſecond où il fut quatorze ans après
vaincu par *Céfar* : ce qui ſemble un ſyſtème fort
hazardé ; car ſi le général *Romain* dit que la
première bataille fut donnée près d'*Amagelobrie*,
il ne nomme point le lieu de la ſeconde, & s'il
dit que dans celle - ci ſes troupes pourſuivirent
les *Germains* juſqu'au Rhin, dont il fixe la diſtance du champ de bataille , cette diſtance ne
peut donner aucune lumière, parce que les leçons
des différens manuſcrits varient ſi fort, que les
uns la portent à 50000 pas & que les autres la
réduiſent à 5000 (*). Il eſt vrai que les premiers

(*) Les manuſcrits ne s'accordent pas mieux ſur l'ancien nom que portait la ville de *Porentru*, ſelon le pere

font plus à croire, parce que *Plutarque* & *Orofe*, qui fans doute avaient confulté les *commentaires* alors encore dans leur intégrité, mettent 400 ftades du lieu du combat jufqu'au fleuve ; éloignement qui femble mieux convenir, felon le favant *Schæpflin*, à *Montbelliard* qu'à *Porentru* qui en eft plus près. Du refte jufqu'à l'*Itinéraire d'Antonin*, on ne peut guères compter avec quelque précifion d'après les diftances des lieux, que les auteurs *Romains* ont déterminées hors de l'*Italie*.

En fouillant aux environs de *Porentru*, on a trouvé quelques armes antiques & quelques monnoyes Romaines ; mais aucun monument, aucune infcription, aucun ancien auteur ne nous apprend que les Romains y ayent féjourné : cette ville n'a quelque célébrité, que depuis qu'elle eft devenue la capitale d'un Etat affez confidérable ; on peut du moins le regarder comme tel, en comparaifon de quelques cantons *Suiffes* & de plufieurs Etats membres comme lui du *corps Germanique*, puifqu'il comprend cinq villes, 250 villages & environs 12000 hommes portant armes.

Voici un apperçu général de la population des divers diftricts qui le compofent, relevé d'après un dénombrement fait il y a quelques années.

Dunod. Les uns lifent *Amagelobrie*, d'autres *Agelatobrie*, des troifièmes enfin *Amagelatobrie*.

I. Sujets *Germaniques* tous catholiques.

	Perfonnes·
La ville de *Porentru*	2700
Bailliage d'*Ajoie*, ou d'*Elsgau*. . .	10000
Bailliage de *Delèmont*	8000
Bailliage de *St. Urfanne*	3000
Bailliage de la *Franchemontagne* . .	5400
Seigneurie de *Franquemont* . . .	400

Bailliages Allemands de
Zwingen . . .	3000
Pfeffingen . . .	2000
Birfeck	4000
Schliegen . . .	2800

Seigneurie de la *Bourg* 200

II. Sujets *Germaniques* & combourgeois de *Berne*, deux tiers réformés & un tiers catholique.

La prévôté de *Moutiers Grand-val* . 7000

III. Sujets entièrement *Suiffes* & tous réformés (*).

Le Bailliage d'*Erguel* ou de *St. Ymier*.	8000
La Seigneurie d'*Orvin* ou d'*Ilfingen*.	500
La Mairie de la *Neuveville* . . .	800
La montagne de *Dieffe* ou le *Teffemberg*, poffédé par moitié avec le canton de *Berne* . . . . , .	1300

Total 59100

(*) On ne peut mettre dans cette claffe la ville & mairie de *Bienne*, dont la population monte à environ 5000 ames : comme nous le verrons dans la lettre fuivante ;

L'évèché de *Bâle* jouit très-anciennement du droit monétaire : *Conrad* III l'accorda par un diplôme en 1149 à l'Evèque *Ortlieb de Vorburg*, qui l'avait accompagné dans une croifade & lui avait même fauvé la vie en combattant à fes côtés ; mais ce n'eft guères que depuis deux fiècles que ces Prélats ont fait frapper fuffifamment de monnaye d'argent & de cuivre pour l'ufage de leur pays. On conferve dans quelques cabinets des ducats de différens Evêques ; mais ils font rares, & l'on ne voit communément fortir de leur coin que des pièces de cinq batz, des batz & des demi batz ; la monnaye du prince actuel eft frappée avec beaucoup de goût & court affez avant dans la *France*, où l'on la trouve plus commode que les fols & les liards. Le coin a fouvent varié : tantôt c'eft l'aigle d'Empire, tantôt le chef de l'Evêque, tantôt fes armes écartelées de celle de l'Evêché ; dans le fiècle paffé on voyait fur certaines monnayes de cuivre la Ste. Vierge & l'enfant Jéfus, & au commencement de celui-ci, l'image de St. *Urficin*, tenant d'une main un bouquet & de l'autre une églife.

Ce faint homme, qui vivait il y a mille ans paffés, habitait une caverne dans des rochers au bord du *Doux* : peu à-peu fa réputation attira des habitans au pied de fon hermitage ; on défri-

---

les droits de l'Evêque y font fi bornés, que fi dans un cèrtain fens il y prend le titre de *Souverain*, il n'en a au moins pas la *réalité*.

cha, on bâtit.... Voilà l'origine de la petite
ville de *St. Urſanne*, dont il eſt le patron : il
y eut d'abord une abbaye de *Bénédiƈlins* conver-
tie dans la ſuite en *Chapitre* : c'eſt à *Rodolph* III,
dernier Roi de *Bourgogne* que l'Evèché à l'obli-
gation de la poſſéder.

La ſituation de l'Evéché entre la *France* & la
Suiſſe, met cet Etat dans la néceſſité de vivre
en bonne harmonie avec ces deux voiſins. Quant
à la *France*, différens traités & un régiment à
ſon ſervice lui aſſurent ſa protection, dont elle
a donné des preuves indubitables dans les troubles de 1740 : tous les ſujets de l'évéché ſont
réputés *Suiſſes* dans ce royaume, y ſervent comme tels & y jouiſſent de tous les avantages de
notre nation, ſur-tout depuis le dernier traité de 1780 : quant au *corps Helvétique*, l'Evèché n'a proprement d'alliance qu'avec les ſept
cantons catholiques : il ſoutient de plus des liaiſons de bon voiſinage avec *Bâle*, dont l'univer-
ſité envoie une coupe d'argent à chaque nouvel
Evèque comme à ſon chancelier né, & avec
Berne, qui a des rapports ſoit de co-ſouverai-
neté, ſoit de combourgeoiſie avec une partie de
ſes ſujets. Chaque fois qu'il s'eſt élevé des méſin-
telligences entre ce puiſſant canton & les Evèques, ces derniers s'en ſont toujours mal trou-
vés : par le traité d'*Arberg* en 1711, le Prince
alors règnant s'obligea à lui payer 20000 écus,
en cas qu'il vînt à en violer la teneur à l'égard
des réformés du *Munſterthal* : la cour de *Rome*
le ſut & ſa Sainteté adreſſa bientôt après un bref

fulminant à l'Evêque, par lequel elle blâme ee convenant & l'annulle de fa propre autorité : mais malgré l'indignation papale, la prudence l'emporta fur le zèle pour la caufe de la foi, & l'accord fut refpecté.

Du refte, le haut chapitre de l'Evêché n'a pas eu toujours lieu d'être content de la cour de *Rome* ; elle a manifefté fouvent des préten-tions contraires à fes droits & ufages les mieux établis : mais elle a trouvé heureufement en lui une réfiftance invincible. C'eft ainfi qu'en 1628, le nonce apoftolique voulant préfider à l'élec-tion d'un Evêque, avoir le fcrutin devant lui & gêner la liberté des fuffrages, le chapitre s'y oppofa vigoureufement, déclara fa demande con-traire aux libertés de l'églife de *Bâle*, & lui per-mit d'affifter à l'élection comme fimple témoin, & fur un fiège fort éloigné de la table du fcrutin.

Des politiques cenfés prétendent qu'il con-viendrait beaucoup à l'Evêché de s'attacher d'a-vantage à la *Suiffe* & d'y être directement affo-cié, vu les malheurs qu'il a effuiés toutes les fois que l'empire a été en guerre avec la *Fran-ce* : il devrait, difent-ils, fe rappeller que ce n'eft que par l'interceffion des *cantons catholi-ques* que cette dernière couronne retira en 1675 les troupes qu'elle avait mis en quartier dans fa partie *germanique*, & s'appercevoir par fa pofi-tion tant phyfique que politique, & par tous fes rapports foit de fituation, foit de convenan-ce, que fes véritables intérèts demandent qu'il tienne plus à la nation *Suiffe* qu'à *l'allemande* :

la première lui a été toujours utile & favorable
à quelques circonstances momentanées près ; la
seconde lui a causé en tout tems plus de mal
que de bien : sur le nombre des preuves de cette affertion, j'en alléguerai une seule ; c'eft le
court extrait d'un manufcrit fidèle & détaillé
de ce qui fe passa dans l'Evêché pendant la guerre de 30 ans, après que l'Evêque *Henri d'Oftein*
fe fut déclaré pour la maifon d'*Autriche*, au lieu
de garder, comme il le pouvait très-aifément , ,
une prudente neutralité dont les *Suiffes* fes voifins lui donnaient l'exemple. (*)

En 1629, un commiffaire impérial vint demander pour la *matricule* de l'Empire 4000 florins par mois : on lui en donna 3000 une fois
pour toutes ; mais il revint à la charge, & il
parvint à diverfes reprifes à en extorquer plus
plus de 40000 dans le courant de la même année ; pour fournir à ces exorbitantes impofitions, il fallut des emprunts au dehors , & de
nouvelles impofitions au dedans : les cantons catholiques interpellés par l'Evêque en vertu de leur
alliance de faire revoquer une nouvelle demande
de 8000 florins par mois que formait le prince
d'*Anhalt* au nom de l'Empereur, ne purent y

(*) Outre le but dans lequel il eft préfenté, cet extrait
contient plufieurs détails & anecdotes qui méritent d'ê-
tre connus fur ce beau pays, tour-à-tour pendant dix
ans occupé, pillé, rançonné, incendié par les *Impériaux*, les *Français* & les *Suédois*, comme s'il eut été
leur ennemi à tous.

réùffir; & peu de tems après 300 Autrichiens vinrent à main armée dans le pays pour y lever des fubfides de force, mais les payfans s'étant attroupés, diffipèrent ces créanciers auffi avides qu'importuns.

En 1633, le Prince Evèque ne fe croiant pas en fureté dans fon château de *Porentru* que fon prédeceffeur avait affez mal fortifié, fe retira à *Delemont*; par l'entremife des cantons catholiques, il obtint uné efpéce de fauvegarde du *Roi de France* qui la communiqua aux *Suédois* fes alliés. L'arrivée du *Duc de Feria* avec des troupes Efpagnoles à *Porentru* engagea l'Evèque à y revenir; les députés *Suiffes* allerent à *Montbelliard* demander plus preffamment au marquis de *Bourbonne* la protection du *Roi de France* pour l'Evèché; mais il leur annonça qu'elle ferait à-peu-près inutile, puifque les *Suédois* étaient réfolus à traiter le Prélat en ennemi, à caufe des fubfides qu'il avait accordés à l'Empereur, & des vivres qu'il avait fait paffer dans *Brifac* tandis qu'ils l'affiègeaient.

En 1634, un détachement *Suédois* commandé par M. *de Leyen*, s'avança du côté de *Porentru* malgré l'interceffion du marquis de *Bourbonne* & des députés *Suiffes*; il promit de ne faire que paffer & de ne caufer aucun défordre : M. *de Leyen* invité à fe rendre au château avec quelques officiers feulément, n'y fut pas plutôt entré qu'il y vit arriver un corps de cavalerie *Françaife*. M. *d'Epinans* qui le commandait, lui dit que le Roi fon maître avait pris la ville &

le château fous fa protection : alors les *Suédois* fe répandirent dans la campagne, brulèrent trois villages & firent tout ce qu'on fait en pays ennemi ; moyennant douze mille florins qu'on ne put trouver, mais qu'on promit de paier fous peu à *Bâle*, les *Suédois* fortirent de l'*Evêché* pour aller mettre le fiège devant *Rhinfelden*. Bientôt après les *Français* mirent garnifon à *Porentru*, à *Lauffon* & à *St. Urfanne* malgré les oppofitions de l'Evêque, que la pefte qui furvint pour comble de maux fit retirer à *Bellelay*. Arriva enfuite le Duc de *Lorraine* devant *Porentru* avec une armée de 20000 hommes ; il fit arrêter les députés *Suiffes* dont la médiation lui devenait importune, & fomma l'Evêque au nom de l'Empereur de lui faire remettre la ville & le château ; la garnifon *Françaife* trop faible pour défendre ce dernier l'abandonna par compofition, après avoir effuié & rendu quelques volées de canon. Cette armée quitta bientôt le pays, & un effain de *Croates* & de troupes légeres acheva de défoler les villages & la campagne. La terre reftait inculte, les vivres & l'argent manquaient également.

En 1635, le 3 Juin, *Porentru* fe vit invefti par une armée combinée de 20000 *Français* & *Suédois*, aux ordres du maréchal *de la Force* ; & après neuf jours de fiège & une brèche faite , M. *de Laverne* qui y commandait rendit par compofition la place que le premier affaut aurait infailliblement emportée : alors l'Evêque envoia des députés à *Ferdinand III* pour lui expofer le trifte état de fon pays, & il en eut en réponfe une lettre avec les plus belles promeffes de protection & de fecours. Peu après les *Français* en garnifon à *St. Urfanne* & dans les villages le long du *Doux*, ayant réduit par leurs vexations les payfans au défefpoir, furent les victimes de leur mauvaife difcipline; il fe trama une confpiration contre eux, & ils furent tous maffacrés ou étranglés d'une feule nuit, à la réferve de douze, qui s'étant réfugiés dans un presbytère, furent fauvés par les gens de l'Evèque, & conduits en lieu de fureté; mais pour fe venger, ils mirent le feu à la ville de *Lauffon* en y paffant. Le Comte *de la Suze* averti par l'Evèque même de ce qui venait de fe paffer, voulait qu'il fit pendre tous ceux qui avaient trempé dans ce foulévement: l'Evèque qui favait que fes fujets avaient été pouffés à bout, refufa cette fatisfaction, & M. *de la Sufe* fe préparait à venir la prendre lui-même en mettant le feu à *St. Urfanne*, lorfque quatre régimens *Hongrais* s'approchèrent de *Porentru* qu'on leur avait affigné pour quartier: l'Evèque leur fit dire que fon malheureux pays était épuifé, & que *Ferdinand* avait promis de bouche & par écrit de l'épargner déformais; les *Hongrais* n'en tinrent compte, & outrés de la mort d'un de leurs colonels, qui étant allé reconnaitre la ville, avait été tué par la garnifon *Françaife*, ils tentérent de nuit une efcalade qui ne leur réuffit pas: alors ils fe cantonnerent dans les villages la plupart abandonnés: le Prince croiant le mal fans remède,

fe retira à fon château de *Byrfeck* , après avoir
fait un adieu touchant à fes miniftres & à fon
peuple , qu'il aurait mieux valu ne pas abandonner comme un pafteur timide qui laiffe fes
brebis aux approches du loup : quelques mois
après il alla fe refugier au couvent de *Beinveil*
dans le canton de *Soleure* , n'aiant plus les
moiens de vivre felon fon rang dans fon propre
pays : les *Hongrais* entrés dans la vallée de *Delémont* écrivirent aux *Suiffes* qu'ils n'avaient aucune hoftilité à craindre de leur part ; néanmoins'
les *Soleurois* & les *Neuchatelois* couvrirent leur
frontière , & les *Bernois* envoyèrent quelques
troupes de leur pays , de *Bienne* & de la *Neuveville* , pour garder la *Prévôté de Moutiers-grand-
val.*

1636. Les *Hongrais* quitterent l'Evêché en
Juin , mais en Octobre , le Duc de *Saxe Veimar* vint prendre fes quartiers à *Porentru* , *Delémont* & *Lauffon.* La plupart des payfans fe
fauvèrent chez les *Suiffes* du voifinage , ou dans
les montagnes , & les *Suédois* y reftèrent jufqu'en
Fevrier 1638 ; ils n'y purent faire il eft vrai beaucoup de mal , les troupes précédentes ne leur
ayant rien laiffé à piller. Ce fut alors qu'à titre
de *Suiffes* le *Munftherthal* & l'*Erguel* refuferent
de payer les contributions que le Duc de *Veimar* voulait leur impofer , comme appartenans
à l'Evêque.

1638. Après avoir pillé le château de *Pfeffingen* , & pris les poutres des maifons du village d'*Œfch* pour faire un pont fur le *Rhin* , les

Suédois quittèrent l'Evèché , mais, peu de tems
après le Duc de *Veimar* renvoya garnifon à *De-*
lémont. Il avait le deffein & il le difait hautement,
de garder la plus grande partie de l'Evèché , &
d'en faire une fouveraineté pour lui. Il fit même défendre à la ville & vallée de *Delémont* de
reconnaître l'Évèque pour Prince (*).

1639. Le pays fut enfin vuidé par toutes les
troupes étrangéres : la tranquillité s'y rétablit
peu - à - peu ; les payfans revinrent à leurs terres & à leurs maifons ; l'Empereur qui avait promis des dédommagemens n'en donna point, &
il a fallu plus d'un demi fiècle à l'Evèché , pour
réparer les défaftres de tout genre que lui a
valu une querelle totalemement étrangère à fes
intérèts.

(*) Le Duc de *Saxe Veimar* , en retirant fes troupes , s'était réfervé les belles forges du Prince pour entretenir la garnifon de *Brifach*, & elles reftèrent entre
fes mains jufqu'à fa mort , arrivée peu de tems après.

LETTRE VI.

DEPUIS l'ouverture de *Pierrepertuis* on commence à redefcendre le mont *Jura* du côté de la
Suiffe, par une route bonne mais d'une pente
rapide ; on trouve bientôt la borne qui fépare la
Prévôté de l'*Erguel* qu'on va traverfer jufques
près de *Bienne*, & l'on arrive dans le beau village de *Sonceboz*. Quoique d'un afpeét plus gai
& moins impofant que le *Munfterthal*, cette contrée n'eft pas moins curieufe fous fon point de
vue politique, & mérite tout autant l'attention
de l'obfervateur : des mémoires exaéts & détail-
lés nous fervent de bafe pour ce que nous avons
à dire de cet intéreffant pays, fur lequel, du
moins en français, on n'a encore rien de fatis-
faifant.

L'*Erguel*, plus connu fous le nom de *val St.
Imier*, eft une feigneurie de dix lieues de long
fur quatre à cinq de large; elle s'étend depuis
les frontières du comté de *Vallengin* jufqu'à celles de *Berne* & de *Soleure*, près de l'*Aar* ; elle
eft compofée d'une grande vallée arrofée par la
Suze à laquelle aboutiffent des deux côtés plufieurs vallons plus ou moins profonds. *Erguel*,
qui dans fon origine *celtique* fignifie un *diftriét
couvert de forêts*, rappelle ce qu'était ce pays

avant le feptième fiècle : à cette époque, un *gen-tilhomme Bourguignon* nommé *Hymerius* ou *Imier* étant tombé malade en *Terre Sainte*, fit vœu de bâtir, s'il recouvrait la fanté, un temple à *St. Martin* : guéri & de retour dans fa patrie il tint parole, & donna fon nom à la contrée qu'il choifit pour y remplir fon vœu : à côté de la chapelle qu'il éleva était fitué l'hermitage dans lequel il finit fes jours : cet hermitage devint un couvent, à qui la poffeffion des vallées défertes des environs fut accordée par les Empereurs. En 884 *Charles le gros* donna ce pays appellé alors *Suzinge* au chapitre de *Moutiers*. En 933, la Reine *Berthe* bâtit une collegiale à *St. Imier*, & fit du couvent un *chapitre* compofé d'un prévôt & de douze chanoines, dont elle n'oublia point de groffir les revenus. *Rodolph III* dernier Roi de *Bourgogne* en fit préfent avec la *Prévôté* de *Moutiers-grand-val* dont il dépendait, à l'Evêché de *Bâle*, qui en eut ainfi le temporel ; pour le fpirituel, il était de l'Evêché de *Laufanne* : on trouve une borne entre la *montagne des bois* & la *Chaux-de-fond* au bord du *Doux*, nommée des trois Evèques, parce qu'elle fépare les dio-cèfes de *Befançon*, de *Bâle* & de *Laufanne* ; & fur les frontières de l'*Erguel* & du comté de *Val-lengin*, près des *Converts*, il exifte un grand roc qui fert de limite, appellé *la Roche* 1002, de la date de l'année ou cette limitée fut fixée. En 1284, l'Evêque de *Bâle* fit bâtir le château d'*Er-guel*, pour s'oppofer aux courfes des *Bourgui-gnons* ; & en 1387, tout le pays fut pillé & ravagé

ravagé par les *Bernois* & les *Soleurois* en guerre
avec fon fouverain : dès lors l'*Erguel* n'a pas fu-
bi de grandes révolutions ; feulement les droits
refpectifs de l'*Evêque* & de *Bienne* fur ce pays
ont caufé pendant plus de deux fiècles des al-
tércations très-vives, enfin terminées en faveur
du premier par la tranfaction de *Baden* : à cette
époque, la ville de *Bienne* abandonnée du canton de *Berne* fon protecteur ordinaire, & ayant
contre elle, dans l'arbitrage établi à ce fujet, plufieurs des cantons alliés de l'Evêque, perdit les
péages, la collation des bénéfices eccléfiaftiques,
les appels de certaines caufes, le remplacement
des *maires*, &c. droits qu'elle poffedait, les uns de
toute ancienneté, les autres en fubftitution du
chapitre de *St Imier* dont elle avait l'avocatie ;
on ne lui laiffa que la bannière du pays & le
droit de chaffe. En 1637, le Duc de *Saxe Veymar*, maître de la *partie germanique* de l'*Evêché* dont
il avait chaffé l'Evêque, voulut auffi s'emparer
de l'*Erguel* ; mais les foins des quatre cantons
réformés parvinrent à mettre ce pays en féqueftre, & deux ans après il fut rendu fidèlement
à fon poffeffeur légitime.

La partie inférieure de l'*Erguel* eft bien cultivée, & affez fertile en grains, en fruits & en
légumes farineux : la partie fupérieure eft riche
en troupeaux & en pâturages. Le climat en ferait plus fain & plus favorable aux productions
de la terre, fans la grande variété de tempéra-
ture, qui pour les habitans, caufe fouvent des
pleuréfies par le paffage fubit du chaud au froid,

N

& pour l'agriculture, amène fréquemment au printems des retours de gelée & de neige très - nuifibles au développement des femences & des
boutons. Les vallées & les montagnes font tour-
à-tour fujettes à des brouillards épais, moins
mal-fains que ceux qui naiffent des marais, mais
qui ne laiffent pas que d'influer fur la fanté,
furtout des gens faibles & valétudinaires; la belle faifon y eft fouvent troublée par de violens
orages, qui font durant les grandes pluies qu'ils
amenent, déborder foit la *Suze*, foit les torrens
qu'elle reçoit, d'une manière quelques fois très-
défaftreufe pour les terres voifines.

La cime la plus haute de ce pays & peut-
être de tout le *Jura* eft le *Chaffëral*; il eft à
peine dix femaines fans neige, & quand il pleut
dans cet intervalle furtout pendant la nuit, il
ne tarde pas à fe blanchir; la vue en eft fuperbe, parce qu'elle embraffe la majeure partie des
cantons de *Soleure*, de *Lucerne*, de *Berne* &
de *Fribourg*, & qu'elle n'eft bornée que par la
grande chaîne des *Alpes* de *Savoye* & de *Suiffe*,
dont les glaciers teints en pourpre par le foleil
couchant offrent un coup d'œil impoffible à décrire. Le pays eft bien arrofé, foit par la *Suze*,
qu'on traverfe fur cinq ponts de pierre, foit
par les ruiffeaux qui defcendent des vallées latérales; toutes ces eaux font mouvoir un grand
nombre de rouages, entr'autres des moulins à
fcier la *pierre*, qui en partagent d'énormes blocs
en plaques de vingt pieds de long fur différentes largeurs; ces plaques font employées à

paver les granges & les écuries de quelques villages. Près de la *chaux d'Abel*, les eaux d'un
marais raffemblées dans un étang font aller un
moulin à trois étages bâti fous terre ; l'eau qui
meut la premiere roue tombe fur la feconde, & enfuite fur la troifième, puis fe perd dans des
fentes de rocher ; c'eft par ce méchanifme
auffi employé dans quelques moulins des montagnes de *Neuchâtel*, qu'on fupplée au défaut
d'eaux courantes. Près de *Sonvilliers*, il y a une
fource martiale jadis très en vogue pour certaines maladies ; le tremblement de terre de
1755 en a tout à la fois diminué la quantité
& affaibli la qualité : comme elle naît à quelques pas de la *Suze*, il eft à croire que ce tremblement a établi une communication entre ces
diverfes eaux jufqu'alors féparées. Il y a auffi des
eaux minérales à *St. Imier* ; & dans les montagnes voifines on trouve plufieurs grottes pleines
de ftalactites, de *lac lunæ* & de concrétions *tofeufes*.
Dans la paroiffe de *Tramelan*, on voit fortir de
terre une efpece de *pétrole* ou d'*afphalte* noire
& liquide, femblable à celle qu'on ramaffe dans
le *Val-de-Travers*, qui mériterait qu'on fît plus
de recherches pour perfectionner cette découverte & en tirer parti : on rencontre auffi çà & là
d'excellentes tourbes, dont on commence à fe
fervir pour ménager les bois déja fort dégradés
dans quelques communes. Les villages font en général bien bâtis ; les maifons font folidement
conftruites en pierre, & dans plufieurs vallons
elles ne fe touchent point, mais chacune eft

placée dans la petite poſſeſſion de ſon maître : précaution très-ſage en cas d'incendie, très-économique pour le tems qui eſt mieux emploié quand on vit iſolé, & très favorable au domaine qui y gagne toujours ces engrais peu couteux, que procure toute habitation aux lieux où elle eſt ſituée. L'ancien château d'*Erguel* au deſſus de *Sonvilliers*, eſt maintenant abandonné & en partie démoli ; il renferme encore des priſons & des voûtes taillées dans le roc qui le porte : tout au tour les rochers voiſins ſont percés de grottes ; il y avait ſans doute jadis des iſſues ſouterraines pour en ſortir ſans être vu en cas de beſoin. À quelque diſtance, des ſources qui tombent d'une grande hauteur forment pluſieurs belles caſcades.

Les habitans parlent un patois très-ſingulier, fort différent du français, & aſſez reſſemblant à celui de leurs voiſins des montagnes de *Neuchâtel* : la langue allemande n'eſt uſitée que dans la Mairie de *Perles* ou de *Pieterlin*, & dans les villages qui en dépendent ; les payſans y ſont généralement bien faits, robuſtes, endurcis à la fatigue, bons ſoldats, très-ſobres ſurtout dans les montagnes, & d'un eſprit gai, enjoué & ſuſceptible d'une grande fineſſe : l'agriculture, les vacheries, la vente des beſtiaux & des fromages occupent une partie des habitans ; les autres ſont artiſans, horlogers, graveurs. &c. Ils ont la même aptitude pour les arts méchaniques que les *Neuchâtelois*, la même induſtrie, la même activité & le même fond de caractère : cela peut

venir de ce que plufieurs familles, fur-tout dans
les montagnes de *St. Imier*, font forties vers le
commencement du fiècle paffé du comté de *Vallengin* trop petit pour fa population. Les femmes
s'occupent de quelques branches d'horlogerie ;
mais la plûpart font des dentelles & y font fort
habiles.

- Paffons du phyfique de cette contrée à fon
régime politique, qui eft un des mieux entendus
peut-être pour le bonheur d'une peuplade que
le luxe & l'inégalité des fortunes n'ont pas encore
corrompue. Le Prince Evèque de *Bâle* eft le fouverain du pays ; il eft repréfenté par fon grand
Baillif réfidant à *Courtelari*, qui doit être citoyen
de *Bienne* ou gentilhomme réformé de l'*Evéché*.
Après fon élection, chaque nouvel Evèque vient
recevoir le ferment de fidélité de l'*Erguel*, foit
dans le pays même, foit à *Bienne*, où toute la
milice defcend pour s'y ranger fous fa bannière.
Les droits de ce petit peuple font fi bien établis
par des traités dont plufieurs Etats *Suiffes* font
garants, que le fouverain ne peut ni mettre aucun nouvel impôt, ni porter atteinte à aucun
privilège, ni appeller à lui aucune des caufes
civiles jugées dans le pays, ni refufer à chaque
preftation d'hommage une confirmation authentique des immunités, franchifes & coutumes de
leurs ancêtres. Toute la bourgeoifie eft répartie en
vingt-deux communautés, rangées fous huit mairies, qui font celles de *Sonvilliers*, de *Courtelary*,
de *Courgemont*, de *Sonceboz*, de *Péri*, de *Vauffelin*, de *Tramelan*, & de *Perles*: les *Maires*

N 3

font proprement des magiftrats de juftice & de
police, choifis par le peuple & confirmés par
l'Evèque : pour les caufes civiles, excepté les
affaires de fief qui fe jugent à *Porentru*, il n'y
a aucun appel hors du pays, bien plus heureux
en cela que la partie *Germanique* de l'Evêché,
qui ferait à coup fûr plus floriffante fans les appels à *Wetzlar*. Le juge en premier reffort eft
le grand Baillif ; de lui les caufes vont au tribunal fuprème des appellations d'*Erguel*. Ce tribunal dont les membres reçoivent le titre de *Souverains feigneurs* eft compofé d'un préfident & de
trois affeffeurs nommés par le Prince qui les envoie de *Porentru*, & de trois maires du pays à
tour de rôle. C'eft ainfi qu'à cet égard la moitié
du pouvoir fouverain fe trouve toujours dans
les fujets mèmes : mais fi c'eft un grand avantage pour eux de n'avoir point d'appel extérieur, les gros falaires alloués aux gens de loi
qui viennent de *Porentru* tenir ces affifes, rendent les procès très-difpendieux pour les parties.

Pour le criminel, le Baillif a l'inftruction du
procès : quand elle eft faite, il l'envoie au confeil du Prince, qui fi le crime n'eft pas digne de
mort inflige au coupable une peine quelconque,
& ordonne au Baillif de faire exécuter la fentence.
Si le crime eft capital, & que le détenu foit *catholique* & par conféquent étranger à l'*Erguel*,
il eft conduit, jugé & fupplicié à *Porentru* ; s'il
eft *réformé* au contraire, le Baillif convoque à
St. *Tmier* la juftice criminelle, compofée de tous
les Maires du pays, juge le coupable fur le

code *Carolin*, & le fait exécuter, à moins que la grace n'intervienne de la part de l'Evêque.

Quant au militaire, il appartient en toute fouveraineté à l'Etat de *Bienne* : il paraît déja par les lettres de bourgeoifie que cette ville accorda en 1350 à *Rodolph de Neuchâtel*, comte de *Nidau*, que fon droit de bannière s'étendait jufqu'à *Pierrepertuis* ; en 1388, l'Evêque *Imier de Ramftein* lui confirma ce droit par des lettres authentiques, & voici le réfumé du traité de 1610 à cet égard : „ Comme depuis très-long-
„ tems les fujets de l'*Erguel* ont marché fous la
„ bannière de *Bienne* en faveur de fes alliés,
„ *Berne*, *Fribourg*, *Soleure*, & même de tous
„ les confédérés, les chofes continueront com-
„ me du paffé, avec ces réferves, que fi l'Evê-
„ ché de *Bâle* était attaqué, *Bienne* & fa ban-
„ nière devrait avant tout le fécourir ; que fi
„ *Bienne* eft requis par les trois cantons fes
„ alliés, ou par tous les confédérés, de fournir
„ des troupes, il doit le faire ; pourvu que ce
„ ne foit pas contre l'*Evêque*. Que fi les *Suiffes*
„ & l'*Evêque* étaient en même tems attaqués,
„ la bannière de *Bienne* attendra les ordres du
„ dernier. Quand aux amendes militaires, elles
„ feront payées au receveur du Prince, qui en
„ gardera les deux tiers, & remettra l'autre
„ tiers à la ville de *Bienne*.

A chaque changement de banneret à *Bienne*, toute la milice de l'*Erguel* qui peut monter à 1800 hommes, vient fe ranger fous fa bannière

aux armés de la ville, & prêter le ferment de
fidélité, dont voici la teneur.

„ Bien aimés & bons amis ! Vous jurerés à
„ la bannière de *Bienne*, que vous avancerez
„ de tout votre pouvoir l'honneur & le bien
„ de Monfeigneur de *Bâle* & de la ville de
„ *Bienne*, que vous empêcherez leur domma-
„ ge, & obéirez à leurs commandemens & dé-
„ fenfes, en tout ce qui vous fera ordonné de
„ la part de la dite bannière, comme du tems
„ paffé ; que vous ne chercherez d'autre fecours
„ ni droit de bourgeoifie à l'infçu & fans le
„ confentement du *Prince* & de la ville de
„ *Bienne*, & que vous vous maintiendrez en
„ tout comme gens d'honneur, fans fraude &
„ ainfi que du paffé.

En vertu de ces droits, *Bienne* enrégimente
& fait exercer la milice de ce pays, nomme &
brevète les officiers, impofe des punitions militaires ; & y fait feule des recrues pour les deux
compagnies qui lui appartiennent dans le régiment de l'*Evêque* au fervice de *France*. Ce dernier, quoique fouverain de l'*Erguel*, ne peut y
lever un feul homme fans la permiffion de *Bienne* ; c'eft par ce fingulier mèlange de droits, que
l'*Evêque*, qui paffe pour être le feigneur de cette
ville, en dépend cependant au point de ne pouvoir fe faire défendre par une partie de fes propres fujets, fi elle ne déploie fa bannière (*).

(*) Il en eft donc pas fous le point de vue militaire
de l'*Erguel*, comme du *Munfterthal* : ce dernier pays

Si comme on le prétend, les habitans de l'*Er-guel* n'obéiſſent qu'à regret à la bannière de *Bienne*, & ſupportent impatiemment cette ſujé-tion, ils ſont tout à la fois *injuſtes* & *ingrats*: *injuſtes*, parce que ce droit de bannière eſt pour *Bienne* une propriété inconteſtable, ſoit par ſon ancienneté, ſoit par les titres ſur leſquels elle repoſe, puis qu'on peut le regarder comme un juſte dédommagement de l'atroce cruauté que l'Evêque *Jean de Vienne* exerça contre cette ville, à qui il fut accordé & confirmé par ſes ſucceſ-ſeurs: *ingrats*, parce que c'eſt par cette bannière ſeulement qu'ils tiennent au corps *Helvétique* protecteur de leurs droits & libertés, & que ſans cet aſſujettiſſement à *Bienne* qui leur a valu très-ſouvent les bons offices des cantons voiſins dans des circonſtances critiques, ils auraient éprouvé infailliblement des malheurs, des vexations, des atteintes à leurs privilèges, dont leur liaiſon avec la *Suiſſe* les a garantis. L'Etat de *Bienne*, il eſt vrai, eſt petit, faible, obligé de s'étayer

a ſa propre bannière, portant ſes armes & conſer-vée dans ſon chef-lieu, & c'eſt au peuple même que ſoit *Berne*, ſoit l'*Evêque* doivent demander des troupes: mais l'*Erguel* n'a point de bannière à lui & à ſes armes; il marche ſous celle de *Bienne*, reconnait pour ſon chef militaire un banneret tiré de ſon conſeil, & qui a beſoin des recrues & des milices de ce pays ne peut les avoir que de cette ville. Dans la formation des contingents que l'Etat de *Bienne* fournit au *corps Helvétique* en cas de guerre, il eſt ſtatué, que l'*Erguel* doit en faire les trois quarts & la ville de *Bienne* le reſte.

de l'appui dé fes voifins ; mais enfin , fa bannière s'eft toujours diftinguée ; dans aucune
occafion elle n'a trahi l'honneur *Helvétique* , &
l'on peut dire que chaque fois qu'elle s'eft dé-
ployée (& cela eft arrivé fouvent dans les fiècles
paffés) elle s'eft montrée autant qu'aucune autre
digne d'appartenir à une nation libre & coura-
geufe.

Pour l'état eccléfiaftique de cette contrée , il
eft néceffaire de remonter un peu haut. Le prévôt & chapitre de St. *Ymier* avaient fait en 1329
un traité de combourgeoifie avec *Bienne* , fous
l'approbation de l'Evêque de *Laufanne* dont ils
relevaient pour le fpirituel : par ce traité le magiftrat de cette ville était établi gardien , infpecteur & protecteur de cette églife ; fon pouvoir
allait fi loin qu'il fe faifait rendre compte annuellement des revenus du chapitre , & qu'à
chaque canonicat vacant il envoyait des députés qui préfidaient & confirmaient la nouvelle
élection ; pour laquelle ils avaient voix & fuffrage. Cela dura jufqu'en 1528 , époque à laquelle
la ville de *Bienne* embraffa la réformation. Comme les chanoines de St. *Ymier* vivaient depuis
longtems d'une manière indécente , diffipaient
indignement les biens de leur églife & laiffaient
tomber en ruine des temples & chapelles dont
l'entretien les regardait , le magiftrat de *Bienne*
les avait déja cités l'année précédente , pour les
exhorter à fe mieux conduire , à renvoyer les
maîtreffes qu'ils entretenaient publiquement ,
& à fe conformer à la teneur de l'*édit de Berne* ,

que *Bienne* venait d'adopter. Indignés de cette innovation, les chanoines au lieu de recourir à l'Evèque de *Laufanne* qui était leur *Diocéfain*, s'adreffèrent à celui de *Bâle*, & repréfentèrent cette démarche de leurs combourgeois comme attentatoire à fa fouveraineté. L'Evèque écrivit aux *Biennois* de les *laiffer tranquilles* : ces derniers dans leur réponfe, après avoir montré qu'ils avaient tout droit de fe mèler de cette affaire, finirent leur lettre, en difant; „ Nous prions „ votre Alteffe de nous écrire inceffamment, fi „ vous voulez nous laiffer dans nos droits & „ libertés, ou non, afin que nous puiffions pren- „ dre nos mefures en conféquence : fur quoi „ l'Evèque leur fignifia *qui les laifferait en poffef-* „ *fion de leurs droits* ". En 1429, le magiftrat de *Bienne* confulta les chanoines pour favoir leur façon de penfer fur la religion : ils paraif- faient pencher vers la *réforme*, mais la crainte de perdre leurs prébendes & les menaces de l'Evè- que les retenaient encore. Cependant le peuple s'étant décidé à changer de culte, *Bienne* pour empècher les fcènes indécentes qui s'étaient paf- fées dans plufieurs endroits voifins à l'égard des ftatues & des tableaux des temples *catholiques*, écrivit fagement à l'Evèque, pour le prier de donner fon confentement à ce qu'on ôtât les ima- ges, comme la pluralité le demandait; ce que l'Evèque refufa : mais ce qu'il n'avait pas voulu permettre, le peuple le fit peu de tems après & embraffa généralement la réformation : alors *Bien- ne* prit en vertu de fon droit d'*avocatie* la geftion

des revenus du chapitre, & affigna des penfions
tant aux chanoines qu'aux miniftres qui vinrent
deffervir les cures du pays : en 1534, il y eut
à *Bâle* une médiation compofée de deux magiftrats *Bâlois* & de deux *Bernois*, par laquelle il
fut décidé que *Bienne* de concert avec le chapitre, nommerait un adminiftrateur des biens de
l'églife de St. *Ymier*, qu'une partie des revenus
ferait appliquée à l'entretien des chanoines, &
une partie aux penfions des miniftres ; que les
titres, chartres, fceau, vafes facrés, ornemens
d'églife feraient dépofés dans un coffre à deux
ferrures, dont le chapitre garderait une des clefs
& le magiftrat de *Bienne* l'autre, & que le dit
coffre ferait mis en féqueftre à *Porentru* entre
les mains de l'Evêque contre un acte de revers.
Enfin, par le traité de 1610 fi funefte à *Bienne*,
à qui il ne manquait que l'honorifique de la fouveraineté pour regarder l'*Erguel* comme lui appartenant en plein depuis près de trois fiècles, l'Evêque fut mis en poffeffion de tous les droits, revenus & autorité du chapitre, dont il fe préten-
dit l'héritier naturel ; à condition néanmoins qu'*il
maintiendrait les habitans du pays de tout fon pouvoir dans la communion réformée ; qu'il leur donnerait & payerait des miniftres, & préférerait les
naturels du pays aux étrangers dans la collation
des bénéfices.*

Il eft très fingulier de voir un Evêque catholique promettre de maintenir la communion réformée, fur-tout au commencement du dernier
fiècle : il eft vrai que ce Prélat gagna beaucoup

à ce changement , & que fes revenus furent fort augmentés de ceux du chapitre que *Bienne* perdit fans retour : cette ville obtint pour tout dédommagement le patronage des églifes de *Dombreffon* & de *Serriere*, qu'elle vendit fept ans après aux *Neuchatelois*, dans le pays defquels ces paroiffes font fituées. Dès lors l'*Erguel* a été tranquille du côté de la religion ; fon clergé jouit même des plus beaux privilèges , & pour le fpirituel comme pour le civil, la fouveraineté réfide dans le pays même, fans appel ni dépendance externe. Il eft divifé en huit paroiffes , dont la collation eft partagée entre l'Evêque au nom du chapitre de *St. Imier*, l'abbaye de *Bellelay* & le chapitre de *Moutiers* (*) : les pafteurs compofent depuis 1731 un corps eccléfiaftique appellé la claffe d'*Erguel* : ce fynode a le droit d'élire fon chef nommé *Doyen*, d'infpecter les écoles, les églifes & les pafteurs , d'examiner & de déclarer valables les témoignages de capacité des jeunes candidats qui ont fini leurs études dans quelqu'une des académies de la *Suiffe réformée*, & même de deftituer & de caffer un de fes membres quand il eft tombé dans des fautes graves. Le *Doyen* convoque le fynode annuellement, & il peut auffi l'affembler à l'extraordinaire, en en avertiffant le *Baillif* qui

(*) Ces paroiffes font *Renen, Tramelan, St. Imier, Courtelari, Corgemont, Péri, Perles, & Vauffelin* qui réunit la feigneurie d'*Orvin* : outre ces huit pafteurs il y a encore un *diacre commun*.

affiste aux délibérations, mais fans fuffrage, &
feulement comme contrôleur du Prince. L'infpection des mœurs de chaque paroiffe eft con-
fiée à un *confiftoire* compofé d'un pafteur, d'un
maire & de quelques anciens, qui juge en premier
teffort : pour les caufes matrimoniales, de paternité, divorce, &c. elles fe portent d'abord par
devant deux pafteurs & deux maires, préfidés
par le Baillif qui y adjoint ordinairement le pafteur & le maire de la paroiffe où le tribunal
s'affemble : on peut en appeller à un autre tribunal compofé de trois eccléfiaftiques & de
trois maires, dont les fentences font fouverai-
nes ; de manière que l'exercice du pouvoir fpirituel fe trouve abfolument entre les mains des
habitans du pays, qui forment leur propre &
fuprême *officialité.*

Tel eft le précis impartial de l'état civil & religieux de cette contrée : fes heureux habitans
vivent en paix à l'ombre de leurs loix & priviléges ; & quoiqu'ils fe piquent d'être *bons Suiffes*, ils n'en font pas moins affectionnés à leurs
fouverains, & ils ont raifon de l'être, car ils
ne pourraient appartenir à meilleur maître : depuis un fiècle, chaque Evêque leur a donné quelque preuve fenfible de fa bienveillance ; & l'avant
dernier encore leur accorda le *droit de chaffe*, quand
il reçut en 1777 l'hommage de l'*Erguel* : il eft
vrai que cette conceffion qui ne coutait rien au
Prince, était contraire aux intérêts de *Bienne*
qui y poffède la chaffe & la pêche ; & qu'on
peut croire que le motif de cet octroi fut au

moins autant de diminuer le droit des *Biennois*,
que de s'attacher les fujets par un nouveau titre à leur reconnoiſſance (*).

En parcourant l'Evèché de *Bâle*, on ne peut
que s'étonner de la variété de conſtitution de
ſes diverſes provinces : elle exige ſans doute
beaucoup de délicateſſe & de prudence de la
part du Prince & de ſes miniſtres ; car d'un côté, il faut reſpecter les immunités de chacun de
ces diſtricts, dont pluſieurs ſont indépendans à
peu de choſe près ; & d'un autre côté, s'il eſt
vrai qu'un ſouverain & ſur-tout un ſouverain
eccléſiaſtique ſoit ou doive être le *pere de ſes
ſujets*, il eſt tenu d'adoucir, en verſant des graces & des bienfaits ſur ſes enfans les moins pri-
vilégiés, les différences qui exiſtent entre les divers membres de ſa famille & de réparer ainſi
autant que poſſible l'inégalité que les circonſtances
mettent dans le ſort de ceux qu'il doit tous aimer également ; car ſi ſes prédéceſſeurs ont tout
fait pour les *aînés*, qu'on peut comparer à des

_____

(*) Nous ne donnons point ici une deſcription détaillée des diverſes parties de l'*Erguel* ; mais ſi ces lettres
intéreſſent le Public *Suiſſe* pour qui elles ſont écrites &
non pour les étrangers, nous traiterons de la même manière dans une continuation de cet ouvrage, le reſte du
mont *Jura* juſqu'à l'extrémité de la *Suiſſe occidentale* :
alors nous reprendrons le *val* St. *Ymier*, d'où nous
paſſerons au *Locle* & à la *Chaux-de-fond*, au *val-de-Ruz*
& au *val de Travers*, continuant notre voyage par les
vallons de *Ste. Croix* & de *Valorbes* juſqu'à la belle
vallée du lac de *Joux*.

enfans gâtés, il lui refte beaucoup à faire en faveur des *cadets*, *renvoyés* pour ainfi dire à *leur*
légitime.

En fortant de *Sonceboz*, on laiffe à droite la
belle route qui mène à travers le *val St. Imier*
aux montagnes de *Neuchâtel*, & l'on defcend
du côté de *Bienne* le long de la *Suze* : cette
charmante fœur de la *Byrfe* qui nait fur la frontière du comté de *Vallengin*, eft fouvent bruiante
& finueufe dans fon cours : tantôt elle coule
en filence à vos pieds , & laiffe voir dans fes
eaux limpides les truites qui l'habitent, tantôt
on l'entend rouler dans une grande profondeur, où elle fe cache fous un épais rideau
d'arbuftes : tour-à-tour elle arrofe de riches
prairies , elle embraffe de petites ifles couronnées de frènes , d'érables & de faules , & deffine par fes ondulations plufieurs compartimens
de bofquèts & de pâturages. Dans la vallée folitaire de *Sonceboz* à la *Reuchenette*, à droite &
à gauche s'ouvrent plufieurs vallons qui s'enfoncent dans les montagnes, & qui verfent dans
la *Suze* le tribut de leurs fources inconftantes :
quelquefois une maffe de forèts , ou un rempart de rochers tantôt boifés tantôt nuds, varie
& détermine le payfage : un grand nombre de
fermes difperfées dans des fites romantiques ,
entourées d'arbres fruitiers, de jardins & quelquefois de troupeaux , animent & peuplent
toute cette route. En tems de pluye, on s'arrète à confidérer la belle cafcade du *Piffot*, qui
tombe d'un rocher de 150 pieds de haut. Les

                                          nobles

nobles de *Péri* avaient autrefois un château dans le voifinage de ce village : maintenant détruit au point d'en retrouver à peine la place, il n'en refte comme de tant d'autres qu'un fouvenir faible & peu intéreffant pour tout homme qui aime mieux voir une métairie ou un *cha-let* : combien le toit du laboureur ou du berger me plait, quand on le trouve comme dans plufieurs endroits de la *Suiffe*, adoffé à quelque tour ruineufe, ou conftruit des débris du donjeon dans lequel s'enfermaient les tyrans de nos ancêtres ! Et fi l'on rapproche dans fon imagination les fiècles paffés du fiècle actuel, quel contrafte confolant, que d'oppofer dans ces belles vallées les travaux de l'agriculture qui les fécondent, aux fcènes de carnage qui les défolaient ; le cultivateur tranquille qui les habite, aux chevaliers féroces qui les maîtrifaient ; les troupeaux bienfaifans qui y paiffent, aux chevaux couverts de fer qui y imprimaient leurs pas fanglans, & cette nature maintenant fi paifible & fi refpectée, à cette nature fi longtems outragée par de barbares dévaftateurs, qui en foulaient au pied les beautés dans leurs paffe-tems affreux, & n'en troublaient le calme filencieux, que par les cris de la douleur, du défefpoir ou de la vengeance !

En pourfuivant cette intéreffante route, on arrive aux bains de la *Reuchenette*, dont la fituation eft auffi finiftre que pittorefque : ce font d'affez beaux bâtimens au milieu d'un payfage en ruine, qu'entourent une multitude de rocs,

O

les uns déja détachés de la montagne, les autres
prêts à devenir la victime de l'*édacité* du tems
qui ronge leur bafe. La *Suze*, comme pour fe repo-
fer de fes fauts & de fes détours précédens,
s'arrète devant ces bains, s'y déploye dans un
baffin affez vafte fur lequel on peut fe promener en bateau, y forme une petite ifle, & bientôt s'élance vers la plaine à travers des efcarpemens & des précipices : ceux qui ne font
point accoutumés à ces fortes de fites en font
effrayés, tandis que fous ces rocs menaçans,
travaillent en toute fécurité les ouvriers des
forges fituées le long de la riviere. Ces atteliers où l'on fabriquait, il n'y a pas longtems,
beaucoup de marmites & d'uftenfiles en fer,
font maintenant en partie tombés faute de matériaux, ainfi que les bains dont la réputation n'a
pu fe foutenir : il parait par le petit nombre de
gens qui viennent s'en fervir, que ces eaux ont
perdu tout le crédit dont elles ont joui dans un
tems, foit que la fource n'ait jamais eu beaucoup de vertu, foit qu'elle ait été altérée par
le mèlange des eaux de la *Suze*. Cette dernière
hypothèfe eft affez probable, fur-tout depuis
qu'un malade trouva à fa grande furprife dans
fa baignoire un affez gros poiffon.

On laiffe enfuite à fa gauche le vallon qu'occupe la mairie d'*Orvin* ; cette petite feigneurie
appartient très-anciennement à l'églife de *Bâle*,
à qui elle vient des comtes de *Nidau*. Une famille noble du nom d'*Orvin* ou d'*Ilfingen* qui la
poffeda enfuite fous la fuzeraineté des Evèques,

eft maintenant oubliée ainſi que le château
qu'elle habitait : à ſon extinction , le fief fut
donné à des nobles d'*Ortan* , & c'eſt quand leur
famille a fini, qu'il a été réuni au domaine épiſ-
copal. Cette peuplade iſolée a ſes loix & ſon
coutumier : le maire de *Bienne* en eſt toujours
Baillif de la part du ſouverain ; les appels ſont
jugés en dernier reſſort par le conſeil aulique
de *Porentru* ; l'eccléſiaſtique relève de la claſſe
d'*Erguel* , & le militaire appartient à la bannière
de *Bienne*. Le chef lieu de cette vallée , qui
renferme pluſieurs métairies d'excellent rapport,
eſt *Orvin* , village fort ancien , deja connu par
une chartre de 975 , qui lui donne le nom d'*U-
loine*. Ses habitans ſont bons agriculteurs , laborieux , économes , & par conſéquent riches ,
grace à la ſimplicité de mœurs qu'ils conſervent
& au petit nombre de beſoins qu'ils connaiſ-
ſent : un incendie aiant conſumé preſque tout
ce village en 1755 , il a été inceſſamment rebâti ; les maiſons en ſont dès lors jolies & commodes , & les payſans ont bientôt réparé & oublié
cette cataſtrophe.

La route qu'on ſuit de là s'appelle le chemin
des *Chaudières* ; elle ſerpente au-deſſus d'un long
eſcarpement au bas duquel la *Suze* roule avec
bruit de chûte en chûte , entre des rochers &
des précipices dont les forêts du fond dérobent
une partie de l'horreur : ici le voyageur s'arrète,
regarde & admire avec reconnaiſſance les efforts
de l'homme qui dans ces âpres contrées a ſu ,
malgré tous les obſtacles d'une nature irritée de

fon audace, s'ouvrir d'une vallée à l'autre des
communications fûres & commodes. C'eft dans
nos routes de montagnes qu'on voit clairement
que

Tout céde aux longs travaux & fur-tout, aux be-
foins (*).

Dans un de ces précipices, la rivière fait
fur-tout au printems, une riche cafcade :
l'oreille eft étourdie du fracas de l'eau doublé
par les échos voifins; l'œil ne voit qu'écume &
mouvement : comme le rocher d'où elle tombe
n'eft pas plat, mais convexe, cela lui imprime
une forme différente des autres cafcades qui
s'étendent en nappe, tandis que celle-ci offre
un courbe, d'un effet furprenant. Un peu au-
deffus une éminence de forme conique couverte
de fapins, à travers lefquels paraiffent quelques
pans de mur, portait jadis la tour de *Rondchatel*,
fief mouvant de l'Evêché de *Bâle*. Comme plufieurs de fes contemporains fitués près des grandes routes, ce château a été détruit pour la fûreté
des paffans, qui n'aimaient pas les promenades
de leurs nobles poffeffeurs. *Rondchatel* a appartenu auffi aux d'*Ortans*; le fief utile eft revenu
à l'Evêché, & le fief honorifique qui donne le

(*) C'eft ainfi que *Delille* rend en français cette belle
idée de *Virgile*, qui perd beaucoup de fa force dans fa
traduction,

Labor omnia vincit.
Improbus & duris urgens in rebus egeftas.

droit d'en porter le nom, & de mettre si l'on veut une girouette sur ses ruines, a été remis en bail emphytéotique par le Prince actuel à M. *Heillman* de *Bienne*.

La gracieuse vallée de *Frainvillers* que la *Suze* traverse & semble quitter à regret, tant elle y prolonge son cours tortueux, est le débouché par où l'on sort enfin du mont *Jura* sur son revers oriental. Quand arrivé à la dernière pente, on tourne ses yeux accoutumés dans toute cette route à des points de vue rapprochés, sur l'immense scène ouverte au regard, on est frappé tout à la fois, de l'étendue & de la variété du paysage qui se déploye à l'improviste comme si on levait un rideau. De fertiles plaines arrosées par l'*Aar*, l'*Emme* & la *Thielle* ; une foule de petites villes, de villages & de fermes qu'on démêle dans les compartimens cultivés qu'encadrent les forêts & les eaux ; le contraste des noirs sapins avec le verd des prairies & l'or flottant des moissons ; ce charmant lac qui semblable à une glace placée au coin d'un vaste jardin, répète & double des alentours rians & peuplés ; cette succession graduelle de collines & de montagnes qui paraissent s'adosser, s'entasser, se servir de base les unes aux autres ; la magie d'une perspective dégradée qui adoucit les formes & les teintes des objets qu'elle embrasse, en effaçant leurs dissonnances, & dans le fond cette majestueuse ceinture des *Alpes*, qui commence à gauche au bord du lac de *Lucerne*, finit à droite à celui de *Geneve*, & circonscrit une arène sémi-

circulaire de plus de foixante lieues de tour (*)....
voilà ce qu'on découvre devant foi, mais ce
qu'on ne peut décrire. Quelquefois d'épais nuages dérobant les montagnes, l'œil s'égare dans
une plaine qui femble fans borne; d'autres fois
les brouillards couvrant la plaine en font une
mer bleuatre & mobile, au-delà de laquelle les
montagnes s'élèvent comme des isles du fein de
l'Océan. Souvent l'orage eft d'un côté, la féré-
nité de l'autre, & l'on peut fuivre dans le lointain la marche, le déployement & l'effet de ces
colonnes menaçantes qui portent la grêle & le
tonnerre dans leurs flancs obfcurs : & quand le
foleil couché pour le fpectateur dore encore de
fes rayons les neiges & les glaces des *Alpes* qui
forment le fond de cet inimitable tableau, on dirait
un mur de feu étincelant à l'horifon, dont la
vivacité eft encore relevée par les ombres qui
commencent à rembrunir les vallées & les plaines inférieures. Lors qu'enfin l'œil fatigué de
tant de beautés ne peut plus fuffire à embraffer leur enfemble ou à parcourir leurs détails,
on defcend lentement & comme à contre cœur,
à travers des rochers naturellement diftribués

(*) Pour jouir encore mieux de ce fuperbe afpect, les
voyageurs doivent monter depuis *Bienne* jufqu'à une ferme nommée la *Maifon blanche*, habitée par des *Anabaptiftes*, à une demi-lieue au-deffus de la ville : de là
la vue s'étend davantage à droite, & embraffe de plus le
lac de *Morat*, une partie de celui de *Neuchâtel*, & les
belles collines qui les féparent & qui les bordent.

en terraffe, vers *Bougean*, village de la banlieue
de *Bienne*; là, les eaux de la *Suze* font mouvoir
une multitude de rouages, de marteaux, de te-
nailles à l'aide defquels le fil de fer s'arrondit,
s'amincit par des filières & gagne en longueur
ce qu'on lui ôte en épaiffeur, & en ductilité ce
qu'il perd en force. Au-delà de ces forges lucratives, la *Suze* fe partage en deux bras : l'un va
à travers les prairies joindre la *Thielle* ; l'autre
court du côté de *Bienne*, & après avoir arrofé
la ville, fe jette dans le lac au bout de la belle
promenade qui y mène. Tous les environs de
Bienne du côté d'enhaut, font des rocs naturellement ftériles; mais l'art humain a fécondé
le peu de terre qui les couvrait, l'a retenu
par des murs, & l'a chargé de vignobles ; maintenant le pampre & les raifins couvrent fous
la main induftrieufe de la liberté, la nudité
d'un fol ingrat, qui dans un pays dont l'habitant aurait connu les tailles, les gabelles, les
vingtièmes & les corvées, n'aurait furement jamais été foumis à aucune culture.

Entrons dans *Bienne* : cette ville mérite bien
fous fon point de vue politique de fixer l'attention de tout voyageur curieux de s'inftruire; il verra un petit état qui jouit au fond de
la liberté fous les dehors de la dépendance ;
qui reçoit des ordres d'un fouverain reconnu,
fans que ce fouverain puiffe les faire exécuter;
qui lui prête hommage tout en lui refufant obéif-
fance; & qui peut en cas de befoin mener au
combat fous fa bannière une partie des fujets

de ce fingulier maître fans lui en demander feulement la permiſſion . . . . Dans la multitude des
formes fous leſquelles le régime focial fe préfente, c'eſt certainement une des plus extraordinaires que celle-ci, parce qu'à l'attitude de la
foumiſſion fe joignent tous les mouvemens de
l'indépendance. Quelqu'un a dit de *Bienne* avec
autant d'eſprit que de vérité , que c'était une
*république au berceau , reſtée dans des langes dont
elle fe ferait débarraſſée , fi elle avait pu grandir
comme fes voiſines.*

Pour mieux faire connaître fon état actuel,
nous fommes obligés de remonter un peu haut; &
d'entrer dans des détails hiſtoriques dont la fé-
chereſſe ordinaire à ces fortes de fujets ne plaira
pas à tous nos lecteurs . . . . *Tſchudi* qui n'avance
rien fans bonnes autorités , met *Bienne* au nombre des douze villes que les *Helvétiens* brûlèrent
dans le tems de leur émigration fi connue : plufieurs antiquaires prétendent qu'elle eſt cette
Pyreneſca mentionnée dans l'*itinéraire d'Antonin* :
fon véritable nom eſt *Biel*, qui fignifie une hache en allemand, d'où lui eſt venu le nom latin
de *Bipennis* (*). Dès l'an 814, il y avait un

_____

(*) Les armes de *Bienne* font deux *haches d'argent
en fautoir en champ de gueules* : en 1512 le Pape *Jules
II*, qui donna aux *Suiſſes* en général le titre *de défen-
feurs de la foi*, & à chaque membre du *corps Helvétique* en particulier, quelque marque honorable & peu
couteufe de fon affection , permit aux *Biennois*, par une
bulle fort gracieufe, de *dorer le tranchant de leurs haches.*

péage :dont parle une chartre de *Charlemagne*
en faveur du couvent de *Moutiers* ; & dès le
onzième siècle , des nobles de *Biel* possédaient
un château situé là où est maintenant l'arsenal.
Comme *Bienne* n'avait point été encore inféodé,
& qu'*Ulrich* , comte de *Neuchâtel* avait rendu
des services à l'Empereur *Henri* IV , il en obtint
l'*avocatie* & en fut fait Baillif au nom de l'Empire en 1169 ; sept ans après cette charge lui
fut confirmée & rendue héréditaire dans sa famille.
Une chartre de 1239 apprend l'aliénation de
ces droits faite par *Berchtold de Neuchâtel* à
l'Evêque de *Bâle* , pour soixante marcs d'argent ,
sous condition expresse. de retrait, au payement
de la somme avancée ; ce qui ne tarda pas à
arriver , puisqu'en 1248 , à la mort d'*Ulrich* ,
comte d'*Arberg* , cadet de la maison de *Neuchâtel*,
ses quatre fils s'étant partagé l'héritage paternel ,
Henri le plus jeune , déja chanoine de *Bâle* , eut
l'avocatie de *Bienne* dans sa portion, avec les droits
sur l'*Erguel* & la montagne de *Diesse* qui y étaient
annexés , sous la réserve formelle de reconnaître pour son suzerain le comte de *Neuchâtel* ;
mais *Berchtold* qui l'était alors s'y opposa, disant
que son cousin étant ecclésiastique , ne man-
querait pas de vendre ou d'engager ce fief, qu'il
regardait comme un bien inaliénable de sa famille déclaré tel par la concession impériale
dont nous avons parlé ci-devant : malgré ces
oppositions *Henri* resta en possession de l'avocatie
de *Bienne* , & promit sans doute de la faire rentrer à sa mort dans la maison de *Neuchâtel*. De-

venu en 1262 Evêque de *Bâle*, plus par force que par élection, cet *Henri* d'un caractère hautain, opiniâtre & implacable, s'engagea dans plusieurs guerres très-funestes à l'Evêché, surtout contre *Rodolph d'Hapsbourg*, y entraîna les seigneurs de sa famille & finit par se brouiller avec eux : en 1274, autant par vengeance contre les siens que par bienveillance pour l'église de *Bâle*, il remit à cette dernière dans son testament tous ses droits sur *Bienne* & ses dépendances. *Amédée comte de Neuchâtel* réclama avec raison contre ce testament, prétendant que le défunt ne pouvait disposer d'un bien qu'il n'avait possédé qu'à titre d'apanage & sa vie durant; de là une guerre avec l'Evêque successeur de *Henri*, qui fit bâtir le château de *Schlosberg* au-dessus de la *Neuveville*, pour s'opposer aux courses des *Neuchâtelois* le long du lac : quelques années après l'Empereur *Rodolph* intervint à main armée dans cette querelle en faveur de l'église de *Bâle* qu'il avait si longtems persécutée, & força *Amédée* à abandonner cette prétention quelque juste & raisonnable qu'elle fut : voilà l'origine des droits de l'Evêque sur cette ville (*).

L'Evêque voulant se concilier l'affection de la

_____

(*) Tous ces détails sur cette querelle sont pris de l'excellente chronique manuscrite de *Neuchâtel*; & la plupart des chartres que nous citons dans la suite de cet article imprimées à la fin du second volume des *Tableaux de la Suisse*, sont tirées du riche *cartulaire* de M. le Baron de *Zurlauben*, à *Zug*.

bourgeoifie de *Bienne*, obtint pour elle une
chartre très-honorable de cet Empereur, par laquelle il lui concéda les mêmes droits & privilèges que ceux dont jouiſſait la *grande ville de
Bâle* : alors *Bienne* ſe peupla, ſes franchiſes y
attirèrent la nobleſſe du voiſinage ; plus de trente
maiſons illuſtres y jouiſſaient dans ce ſiècle &
dans les ſuivans du droit de citoyen, vivaient
dans ſes murs ou dans ſon voiſinage, & lui valurent de la conſidération parmi les Etats naiſſans
des environs : auſſi quatre ans après cette chartre il
fit ſa première alliance avec *Berne*, confirmée en
1306, & rendue perpétuelle en 1352 ; alliance
qui lui attira le déſaſtre le plus inoui de la part
de l'Evêque *Jean de Vienne* : voici comme les
chroniques de l'Evêché nous dépeignent ce prélat *Bourguignon* : „ Il était, diſent-elles, d'un
„ génie brouillon ; pendant ſon ſiège il s'occupa
„ plus de guerre que de religion ; il aima mieux
„ terminer tous ſes différens par les armes que
„ par le droit ; en voulant recouvrer les terres
„ aliénées de l'Evêché, non-ſeulement il n'y
„ réuſſit pas, mais il augmenta encore le déſor-
„ dre. On ne peut point parler de ſes vertus
„ ou de ſes bienfaits, parce qu'il était un hom-
„ me contentieux, ami des voies de fait, &
„ prompt à la main ”. Peu de tems après ſon
élévation à l'Epiſcopat, ne pouvant détacher
Bienne de l'alliance de *Berne*, ce miniſtre d'un
Dieu de paix raſſemble un corps de cavalerie & s'envient dans le plus grand ſecret, le 31
Octobre 1367 du côté de *Bienne* ; il arrive au

point du jour devant la porte ; on la lui ouvre
refpectueufement , & il n'y eft pas plutôt entré
qu'il fait main baffe fur les habitans , enferme les
principaux dans le château où il laiffe bonne
garnifon , met le feu à la ville dont la plus grande partie eft confumée , & en fait un amas de
ruines & de décombres , au milieu defquels repofe fon fouvenir dévoué à l'exécration de tous
les fiècles (*). Auffi-tôt les *Bernois* & *Soleurois*
courent aux armes pour venger leurs combourgeois , délivrent les prifonniers , brûlent le château , battent les troupes du Prélat , pillent fon
pays , incendient fes villages & font retomber
fur le peuple innocent , comme cela s'eft prati-
qué dans tous les tems , le châtiment des fureurs
du maître. Les fucceffeurs de ce barbare Evèque
jettèrent fur *Bienne* un coup-d'œil de pitié ;
Imier de Ramftein lui accorda plufieurs beaux
privilèges en 1388 ; fon fucceffeur *Humbert de*

___

(*) Nos annales contiennent plufieurs traits pareils de
la part de nos anciens Evêques , qui faifaient fans fcrupule de la houlette du pafteur le glaive d'un affaffin. Je
n'en citerai qu'un exemple très-reffemblant au *fac de
Bienne* dont nous parlons. L'Evêque de *Conftance* , Albert *Blarer de Vartenfée* , en 1410 , prétendait le retrait
du château & fief de *Reinffels* , au confluent de la *Glatt*
& du *Rhin* , qu'avait acheté le canton de *Zurich* ; fans
déclaration de guerre ni démarche juridique , il furprend
de nuit & maffacre trente-deux *Zuricois* qui gardaient
ce fort & le rafe de fond en comble. Il eft vrai qu'il
fut défavoué par fon chapitre & honteufement dépofé par
la cour de *Rome* peu de tems après.

Neuchâtel, crut faire beaucoup de donner une chartre portant permiffion aux bourgeois de rebâtir la
ville, & de démolir le vieux château déja brûlé pour
en employer les matériaux, fous la réferve expreffe d'en conferver la grande tour & même d'y
remettre une charpente & un toit (*). En 1468
Bienne obtint la juftice criminelle & le tiers des
conffcations ; & environ un fiècle après *Melchior
de Liechtenfels* remit aux *Biennois* pour une fomme
tous fes droits fur leur ville & fur l'*Erguel* : mais
les fujets de cette dernière feigneurie refufèrent
de prêter ferment à ces nouveaux maitres, fe
lièrent par un traité de combourgeoifie avec *Soleure* & parvinrent à faire annuller ce marché.
Les *Bâlois* prêtèrent à cet Evèque très-endetté,
les 7000 écus au foleil que les *Biennois* lui avaient
avancé fur l'*Erguel*, & par ce moyen ils dégagè-
rent fon hypothèque & le tirèrent d'embarras.

Par fes alliances avec *Berne*, *Soleure* & *Fribourg*, *Bienne* eft regardé comme membre du
corps Helvétique, fe fert de l'appui des cantons
pour fe maintenir dans fes immunités, doit fournir un contingent de 200 hommes au corps
d'armée défenfive déterminé par le reglement

(*) On foulage maintenant plus efficacément les malheureux parmi nous. Le village d'*Amfteig* brûle en 1788
dans le canton d'*Uri*, auffi tôt *Zurich* envoie 130 louis,
Berne 100, &c. & puis qu'on dife que les divers Etats
de la confédération *Helvétique*, malgré la différence de
leurs conftitutions & de leurs opinions religieufes ne
font pas tous *freres* ?

de 1688, & envoie fon députe aux diétes géné-
rales ; mais cet Etat a manqué en 1598 perdre ce
dernier privilège, le plus fûr garant & la meilleure preuve de fa liberté. Cette année là, l'Evêque propofa aux *Bernois* de leur céder tous fes
droits fur *Bienne* & fur l'*Erguel*, à condition que
de leur côté ils fe défifteraient de leur combourgeoifie avec le *Munfterthal* : alors *Bienne*, devenu dépendant d'un autre membre du *corps Helvétique* n'aurait plus été fouffert dans les diétes.
Il eft vrai que les *Bernois* lui faifaient efpérer que
loin d'en faire un bailliage, ils lui remettraient
tous leurs droits, de manière que fon indépendance ferait abfolue. Mais ce projet qui entraî-
nait trop d'inconvéniens & auquel le peuple de
Bienne autant que celui du *Munfterthal* répu-
gnait manifeftement, fut condamné par une
fentence des douze cantons huit ans après avoir
été formé & refta fans exécution.

Tous ces mèlanges des droits de la ville avec
ceux de l'Evèque ont néceffité plufieurs traités
plus ou moins avantageux aux *Biennois*; la pro-
nonciation des arbitres de 1610, & l'accord de
Buren procuré par les *Bernois* en 1741, peuvent
être regardés comme la bafe de la conftitution
actuelle de ce petit Etat. L'Evèque a le titre de
Souverain, & vient ordinairement après fon élection échanger le ftérile hommage que les *Biennois* & les milices de leur bannière lui rendent
dans l'églife, contre une reconnaiffance & confirmation authentique de tous leurs privilèges,
qu'il remet de fa main au bourguemaitre. Un

maire qu'il doit choifir entre les confeillers de la
ville, à moins qu'il ne revête de cet emploi un
gentilhomme chapitrable de l'Evêché, le repréfente au confeil, & veille à ce que fes droits
foient refpectés; mais il n'a de fuffrage qu'en
l'abfence du grand fautier, qui ne donne le fien
que dans le feul cas où les voix font égales: ce
maire qui a plutôt un beau titre qu'un pouvoir
réel, n'empêche point que la ville n'ait la juftice
civile & criminelle, la police religieufe, le port
d'armes, les droits d'établir des impôts, de faire
des alliances, de fiéger aux diètes Helvétiques,
&c.

Après avoir effuyé beaucoup de révolutions,
voici le précis de fon régime actuel, qu'on peut
trouver plus détaillé dans le *Dictionnaire de la
Suiffe* & les autres ouvrages nationaux qui traitent de nos diverfes conftitutions. La bourgeoifie
qui n'a guères actuellement plus de 200 familles, de 600 qu'elle en comptait autrefois, fe partage en fix tribus. Elle a confié tout fon pouvoir à deux confeils, l'un de 24, l'autre de 40
membres; mais ce dernier ne peut rien faire
que quand il eft réuni au premier, tandis que
celui-ci juge tout feul en première inftance
pour le civil & le criminel, gère le départe-
ment militaire & pourvoit aux petits emplois va-
cans: les deux confeils affemblés s'appellent *confeils & bourgeois*; le *grand* eft completté par le
choix que fait le *petit* entre les bourgeois éligi-
bles, & le *petit* l'eft par les deux confeils réunis; ce font eux qui jugent en dernière inftance

& fans appel, qui font des loix, accordent le
droit de cité aux étrangers, donnent des inftructions aux députés, reçoivent le rapport de leur
commiffion, élifent le bourguemaître & les pafteurs. Le *bourguemaître* qui eft à vie, eft à la
tête des confeils & garde les fceaux : l'élection
du banneret eft la feule qui fe faffe par toute
-la bourgeoifie convoquée dans l'églife pour choifir entre quatre confeillers préfentés par la régence. Ce magiftrat eft commandant né de toutes
les milices de la ville & de l'*Erguel*, qui peuvent monter à 3000 hommes ; il garde les clefs
de l'arfenal, reçoit le ferment militaire de tout
homme portant armes, & prête de fon côté celui
de défendre les droits du peuple dont il eft par
là le *tribun*. L'Evèque peut exiger que les *Biennois* prennent les armes pour fa défenfe & qu'ils
le fervent à leurs frais jufqu'à une journée de
leur ville, après quoi il leur doit une folde :
mais en cas qu'il fut en guerre avec *Berne*, ils
font tenus d'obferver la plus ftricte neutralité.
Bienne a toujours participé aux guerres généra-
les & particulières de la *Suiffe* ; depuis plus de
trois fiècles il a contribué à toutes les victoi-
res de la nation, & s'eft fur-tout diftingué dans
les guerres de *Bourgogne*, dont il lui refte dans
fon arfenal plufieurs dépouilles gagnées foit à
Grandfon, foit à *Morat*.
Pour la religion, la ville ayant par les foins
d'un de fes citoyens nommé *Thomas Vittenbach*,
embraffé la réformation en 1528, poffède chez
elle tout pouvoir fpirituel, & le fait exercer par
rapport

rapport au matrimonial , aux divorces, à l'infpection des mœurs , par un tribunal compofé de fix
magiftrats laïques & de deux pafteurs , & préfidé
par le plus ancien confeiller du corps : jadis le
clergé de *Bienne* était joint à celui de l'*Erguel*,
maintenant il en eft féparé.

La population tant de la ville que des cinq
villages ou hameaux qui compofent fon petit
domaine externe , ne va pas au-delà de cinq
mille ames. Une fuperbe fource d'une eau limpide , faine & intariffable fort avec une abondance peu commune d'une voûte aux portes de
la ville, du pied des côteaux voifins, remplit les
tuyaux de foixante fontaines publiques ou particulières , fait tourner de fon fuperflu les roues
d'un moulin à tabac , & mérite la vifite des
curieux.

La ville eft petite, bâtie à l'antique, jadis for-
tifiée, & ne renferme aucun édifice remarquable qu'une affez belle églife : elle eft connue depuis longtems par fes tanneries, où l'on prépare
des cuirs fort recherchés dans l'étranger & qui
vont jufqu'en *Efpagne* : il s'y eft établi depuis
quelques années une manufacture de *toiles pein-
tes*, qui profpère & occupe déja beaucoup de
bras. La plupart des bourgeois vivent du produit
de leurs vignes , de leurs champs , des métiers
qu'ils exercent & du modique falaire attaché
aux charges de l'Etat. On remarque en général
dans cette ville une honnète médiocrité ; comme
il y a fort peu de commerce, l'inégalité des fortunes & des rangs y eft moins fenfible que par-

P

tout ailleurs. La langue du peuple, des conseils & de la chancellerie est l'*allemande*; cependant vû la proximité de villes & de villages où l'on parle *français*, presque tout le monde le sait, & il y a même une église où l'on fait régulièrement le service dans cette langue. Le premier pasteur & chef des églises de l'Etat de *Bienne* est maintenant Mr. *Wetzel*. Etranger à cette ville, ses talens, son savoir & sur-tout son mérite personnel lui ont valu ce poste distingué, auquel il a été appellé par le magistrat il y a quelques années. Ce choix honore également & ceux qui l'ont fait & celui qui en a été l'objet : il est si rare de voir les places aller au-devant des gens qui en sont dignes, qu'on ne peut qu'applaudir à ce trait & le relever avec éloge.

LETTRE VII.

IL ne faut point quitter *Bienne* fans vifiter un artifte fort au-deffus du commun ; c'eft Mr. *Hartmann* : on connaît en *Suiffe* & dans l'étranger des payfages de lui , qui font grand honneur à fes talens ; il rend avec grace les vues romantiques de la contrée qu'il habite ; il peint fur-tout en grand maître le fapin , ce bel arbre honneur de nos forèts , qu'il eft fi difficile de répéter fidèlement fur la toile fans roideur & fans monotonie. Il fait auffi , de concert avec Mr. *Stuntz* , dont nous avons déja parlé à l'article d'*Arlesheim* , ces charmantes vues du lac de *Bienne* qu'on a par-tout. Voici fur *ces vues* une petite anecdote de la fin du dix-huitième fiècle.... Un eccléfiaftique catholique les voit chez un marchand de tableaux ; il en eft enchanté , les marchande & tombe d'accord du prix ! mais un fcrupule bien naturel l'arrète tout court : *le pays que ces deffeins repréfentent* , demande t-il d'un air inquiet , *n'eft-il pas hérétique? Hélas oui !* répond le marchand , *il eft réformé: Dans ce cas je n'en veux plus :* un homme à expédiens qui fe trouvait là par hafard , lui dit alors très-gravement & d'un ton bien propre à le raffurer : *monfieur , ne craignez rien ; il eft un excellent cor-*

P 2

rectif à cette affaire.... le paysage est réformé, je l'avoue, mais les peintres qui l'ont fait sont bons catholiques. Malgré la satisfaisante réponse de ce casuiste, si propre à tranquillifer une conscience timorée, l'ecclésiastique ne put se résoudre à prendre ces tableaux & le marché fut rompu.

La promenade qui mène de *Bienne* au bord du lac sera avec le tems une des plus belles de la *Suisse* : elle a près de vingt minutes de longueur, & c'est à son extrèmité, que nous nous embarquerons pour naviger sur le riant bassin qui baigne cette côte : tous les alentours de la ville du côté de la plaine sont de vastes campagnes sujettes à de fréquentes & longues inondations, qui mettent tout le pays sous l'eau, & qui obligent à aller en bateau d'un village à l'autre, comme en *Egypte*, lors des débordemens du *Nil* : aussi la basse contrée qui renferme presque en entier les quatre comtés Bernois de *Cerlier*, de *Nidau*, d'*Arberg* & de *Buren* s'appellait-elle autrefois *isel gaw*, ou le pays des isles.

Le lac auquel *Bienne* donne son nom, a trois lieues & demie de longueur, sur une lieue dans sa plus grande largeur; les chartres du moyen âge le nomment *lacus Nugerolis*, & l'on n'a que des conjectures fort hasardées sur l'étymologie de cette ancienne dénomination, qui ennuyeraient le lecteur, au lieu de l'instruire. Ce lac dans lequel la *Thielle* porte le superflu des lacs de *Neuchâtel* &, de *Morat*, se décharge à *Nidau* par la même rivière ; en y arrivant elle environne cette jolie ville de ses bras, s'y partage

en plufieurs branches , forme en coulant vers
l'*Aar* comme un labyrinthe d'eau , & par la trace de fon cours prefque infenfible , encadre
d'une bordure d'argent ces divers payfages : ce
lac n'eft point également profond (*) par tout ; du
côté de *Cerlier*, il y a un efpace de plus de
demi lieue couvert de rofeaux épais, qui de loin
femble couper l'azur de fes eaux, d'une écharpe
verdâtre , mais qui de près le dépare fenfible-
ment en lui donnant un air de marais. Il eft
fort poiffonneux, moins cependant qu'autrefois,
& nourrit plufieurs fortes de poiffons, entr'autres d'excellentes truites , dont quelques-unes
pèfent jufqu'à vingt livres , & une efpèce de
goujon , nommé dans le pays *heurling* , qui paffe
pour très-délicat.

Nos lacs manquent généralement d'une déco-
ration qui embellit beaucoup ceux d'*Ecoffe* & de
Suède.... Ils n'ont point d'isles : outre celles
de *Reichenau* & de *Meinau* dans le lac de *Conftance* , d'*Auffnau* & de *Lutzelau* dans le lac de
Zuric & la petite isle du lac des *quatre Cantons* ,
que l'*Abbé Reinal* a défigurée aux yeux de tout
Suiffe , par un ridicule monument , tout à la
fois mefquin & vaniteux , aucun de nos grands
lacs n'a d'isle que celui-ci , d'un plus grand prix
par là aux yeux des deffinateurs & des amis de

(*) Mr. le Profeffeur de *Sauffure* nous apprend que
ce lac n'a pas plus de 217 toifes dans fa plus grande
profondeur.

P 3

la belle nature (*). Aux deux tiers de fa longueur depuis *Bienne*, il offre deux isles d'une
taille fort inégale : la petite n'eft proprement
qu'un écueil fablonneux, revêtu d'un gazon fort
court d'un côté, & de l'autre d'arbuftes & de
plantes aquatiques, fur lequel on fait paître
en été un troupeau de moutons : la grande,

(*) Il eft en *Suiffe* deux très-petits lacs, qui n'atten-
dent qu'un artifte pour offrir deux payfages uniques,
l'un dans le genre gracieux, l'autre dans le genre fombre. Le premier eft celui de *Mauenfée* dans le canton
de *Lucerne* : fitué au centre d'une riante & fertile campagne, il environne de fes eaux paifibles une isle bordée
d'arbres, au milieu defquels parait un château d'un goût
plus moderne que gothique. Le fecond eft celui de
Lowerts, près du village de *Steinen* dans le canton de
Schweitz : fon baffin, prefque par-tout entouré de rocs,
eft noirci par le reflet des bois obfcurs qui les couronnent : fa furface eft ordinairement agitée par un vent
qui fouffle d'une gorge voifine ; des monts immenfes l'en-
caiffent de leur bafe : dans le milieu deux isles ou plutôt 2
écueils élèvent leurs têtes rocailleufes ; tous deux étaient
jadis chargés d'une tour menaçante : mais elles ont été
renverfées par les enfans de la liberté, ces tours....
& fur leurs lugubres décombres ombragés de fapins, fe
trouvent à préfent deux humbles hermitages. La mélancolie ou la piété ne pouvaient pas choifir d'azyle plus
propre à la méditation : un recueillement religieux s'empare de l'ame en y abordant, & la penfée, forcée par
l'horreur & l'effroi qui règnent dans ces lieux fi abon-
dans en fouvenirs & en réflexions, à fe recourber
triftement fur elle-même, ne fonge plus à rebrouffer vers
les fcènes brillantes d'un monde trompeur, que rien ne
lui rappèle.

qui s'appelle l'isle de *St. Pierre*, a environ trois
quarts de lieue de tour : elle eft d'une forme à
peu-près ovale ; une forte muraille, finie feulement depuis quelques années, la défend de toutes parts contre les infultes des flots qui com-
mençaient à la dégrader dans fes angles. Cette
isle a jadis appartenu à des moines de l'*ordre de
Cluni* : du village de *Belmont* qui n'eft pas fort
éloigné, ils y avaient tranfporté une de leurs
maifons, dont le chef s'appelle dans les anciens
titres *prieur de l'isle au milieu du lac*; & certes,
ces folitaires ne pouvaient mieux fe placer pour
jouir d'un air pur, d'une vue unique dans fon
genre & d'une retraite ifolée, fans être mélancolique, qui leur montrait toujours dans un coin
& comme en miniature le mobile tableau de ce
monde qu'ils avaient quitté. Le Pape jugea à
propos en 1485 de féculariſer ce *prieuré* ; les
revenus en paſſerent au chapitre de *St. Vincent*
à *Berne*, qui les partagea avec l'abbaye de *St.
Jean*, fituée dans le voifinage à l'embouchure
de la *Thielle* dans le lac, à condition qu'elle y
entretiendrait les chapelains néceſſaires. A la réformation l'isle fut donnée au grand hôpital de
Berne, & fes rentes font maintenant employées
à l'entretien des pauvres ; l'ancien couvent eft
devenu une belle ferme ; des vignes, des prés,
une petite forêt, des bofquets de châtaigners,
de noyers & d'autres arbres fruitiers fe partagent la furface de cet Elyfée.... De quelque
côté qu'on fe tourne, le payage varie finguliè-
rement; il fe modifie fuivant les différentes heu-

res du jour, les diverses saisons de l'année &
même selon que le tems est serein ou couvert.
Au centre de l'isle qui s'élève en colline, est placé
un sallon en rotonde; de ce belveder, on fait
des yeux le tour du lac : on se plait à démêler
à l'une de ses extrèmités *Bienne* & *Nidau*, que
séparent les canaux de la rivière; à l'autre, on
voit de plus près la *Neuveville*, surmontée du
vieux fort de *Schlofsberg*; *Landeron*, petite ville
Neuchâteloise; l'ancienne abbaie de *St. Jean*,
changée en bailliage, & les tours du château de
Cerlier que couronne ce charmant *Julemont* si
bien chanté par un poëte *Bernois*, dans un poëme trop peu connu, intitulé la *vue d'Anet*.
Quelques fois un point blanc paraît se mouvoir
dans le lointain au milieu des terres; c'est la
voile d'une barque qui monte ou descend lentement d'un lac à l'autre par la *Thielle*, sans qu'on
apperçoive l'eau qui la porte : la côte occidentale est bordée de villages, de hameaux & de
maisons de campagne qui contrastent avec le
pampre foncé des vignobles d'alentour, dont plusieurs parties ne sont accessibles qu'en bateau (*).

(*) Les principaux de ces villages sont *Vigneule*, où
croît le meilleur vin de cette côte; le grand & le petit
Douanne placés au centre du lac; *Gleresse* ou *Ligerts*,
au dessus duquel sont les ruines d'un château, berceau
des nobles de ce nom, dont une branche établie à *Fribourg* est du nombre des familles patriciennes de cette
république, & l'autre transplantée dans l'Evêché de *Bâle*,
compte parmi ses membres vivans un *grand chanoine*

La côte oppofée offre au contraire un afpeçt plus
fombre & plus fauvage ; un feul village , quelques fermes folitaires , des champs & des forèts ;
voilà tout ce qu'on y découvre.

En tems de vendange, toute la jeuneffe du
voifinage fe rend dans cette isle enchantée; le délire
de la joie la plus vive fe manifefte par des chants
& des danfes : une véritable bacchanale troublè
alors le calme de ces retraites fi paifibles à l'ordinaire; fur le foir le lac fe couvre de bateaux
légers , on fe fépare au port , on fe falue encore
de loin , on fe difperfe fur les eaux & les côtes
voifines retentiffent de ces cris d'allégreffe qui
s'élèvent à la fin d'un jour paffé dans les plaifirs
ruftiques. Si du point le plus haut de l'isle on
tire une boîte, vis-à-vis du village de *Glereffe* ,
elle produit un effet des plus finguliers. Après
un filence d'une minute, tout-à-coup on entend
dans un grand éloignement commencer un bruit
fourd qui s'accroît en roulant & groffit au point
de reffembler à un tonnerre qui gronde dans une
vallée profonde : c'eft une fuite naturelle de la
fituation de l'isle, placée de façon que le coup
va frapper l'écho le plus éloigné , qui le renvoie

---

du haut chapitre , & un chevalier de *Malte.* On remarque auffi près de *Sus* l'agréable domaine de *Convalet ,*
qui appartient à la riche abbaie de *St. Urbain* dans le
canton de *Lucerne.* Vû le fingulier mélange des deux
langues , prefque tous les villages de cette contrée ont
deux noms, l'un *allemand*, l'autre *français*, fouvent très-
différens l'un de l'autre.

de proche en proche à fes voifins jufque dans
le vis-à-vis où la détonation finit brufquement.
C'eft fans doute dans les vallons du *Teffemberg*
que fe forme ce phénomène : ils font de l'autre
côté du revers occidental qu'on a fous les yeux,
au-deffus de *Glereffe*, & renferment quelques
villages dont la fouveraineté eft partagée entre
Berne & l'Evêque de *Bâle*, & dont la bannière
n'appartient ni à l'un ni à l'autre , mais à la
Neuveville, petite ville municipale gouvernée en
certains points comme *Bienne*, mais beaucoup
plus dépendante de l'Evêque.

Les murs, les portes, les volets des croifées
de la rotonde font tous extérieurement & intérieurement couverts de chiffres enlacés & de
noms encadrés deux à deux dans le même car-
touche ; c'eft tout à la fois le répertoire des familles des environs, & les archives amoureufes
de toute la contrée limitrophe : pour peu
qu'on fut au fait de la carte des cœurs, on pourrait préfager en parcourant ces fignatures une
rupture ou un mariage, & trouver là des témoins
toujours prêts à dépofer contre l'infidélité des uns
& en faveur de la conftance des autres : dans la
foule des vers bons & mauvais qu'on peut y lire,
on diftingue les ftrophes fuivantes, écrites au
crayon, dans un des coins du belveder : la
teinte fentimentale qui les colore n'eft point fans
quelque agrément.

A la feule raifon docile,
Heureux qui pourrait dans cette isle
Couler fa vie en doux loifirs !
Tranquille il verrait fon rivage,
Tour-à-tour battu par l'orage,
Où careffé par les zéphirs ;
Tandis que fa vertu paifible
Trouverait dans un cœur fenfible
Sa récompenfe & fes plaifirs.

❦ ❦

Jours fugitifs de ma jeuneffe,
Age aimable de la tendreffe,
Du paffé fouvenirs heureux !
Retracez-vous à ma penfée,
Soulagez mon ame affaiffée
Sous les coups d'un fort rigoureux ;
Et pour foutenir ma conftance
Ah ! bercez-moi de l'efpérance,
D'un avenir moins douloureux !

❦ ❦

J'avais cru trouver dans un monde
Plus mobile hélas ! que cette ônde
Un ombre de félicité . . . .
Mais cet âge qui nous détrompe
M'a fait voir à travers fa pompe
Mon erreur & fa fauffeté ;
Et ce n'eft qu'en rentrant chez elle,
Qu'enfin la raifon me rappelle
Du menfonge à la vérité.

OO

Correfpondant à mon délire,
O qui me donnera de lire
Dans le livre de l'univers,
D'affocier mon exiftence
A l'innocente jouiffance,
Des vrais biens qui m'y font offerts,
De conferver une ame pure
A l'uniffon de la nature,
Et de la peindre dans mes vers !

OO

C'eft toi, doux charme de la vie,
Toi divine mélancolie,
Qui nous rend citoyens des cieux !
Sans toi, fans ta flamme invifible,
Le cœur froid, muet, infenfible
N'habite qu'un défert affreux .....
Avec toi feule l'homme penfe,
Au but par la vertu s'élance,
Devient meilleur & plus heureux.

Ce qui ajoute depuis quelques années à la
réputation de cette isle, c'eft le féjour que *J.
J. Rouffeau* y a fait en 1765 : on montre aux
curieux la chambre qu'il avait choifie fur toutes
les autres de la maifon, parce qu'on voit les
glaciers de fes fenêtres : elle eft remplie de vers
& d'éloges, la plupart adreffés par des Genevois
à la mémoire d'un compatriote qu'ils ont tant
perfécuté de fon vivant. Ce fut après fa *chimé-*

rique lapidation de Motiers Travers (*), que cet
homme fi philofophe pour les autres & fi peu
pour lui-même, crut trouver dans cette isle la
tranquillité qui n'était plus faite pour fon ame
trop aigrie : c'eft là qu'il paffa deux mois comme
il nous l'apprend lui même, à faire de la mufique, à herborifer, à monter fur les arbres un
fac autour des reins pour en cueillir les fruits,
à conduire des colonies de lapins dans la petite
isle. C'eft là que couché fur le dos dans un bate-
let, les yeux tournés vers le ciel, il fe laiffait

(*) *Chimérique* eft le terme : on l'a dit & répété, cette
lapidation n'a jamais exifté que dans l'imagination de *J.
Jaques* ; c'eft une de ces vifions que fon amour - propre
exalté lui fuggérait fi aifément, quand il éprouvait quelque crainte ou quelque contradiction : jamais les enfans
de *Motiers* n'ont jetté un feul caillou ni contre lui ni
contre fes fenêtres ; celui qui fe trouva dans fa chambre
plus gros que le trou de la vitre brifée, y avait été mis
par fa gouvernante qui ne fe plaifait pas dans ce village,
& qui connaiffant à fond le caractère de fon maitre, favait bien le moyen de le faire changer de demeure. Cependant on ne ceffe d'imprimer, de graver même l'hiftoire de cette *lapidation* comme un fait avéré : la collection plus faftueufe que bien faite des *tableaux pittoref-
ques de la Suiffe* a confacré ce menfonge dans une plan-
che, où l'on voit les enfans lancer des pierres contre
Rouffeau qui fe retire, & le pafteur en habit de cérémonie les exciter à l'affommer. Malgré toutes les récla-
mations de la vérité, cette erreur triomphera à la longue, & dans quelques fiècles on ne manquera pas d'in-
férer cette gravure dans le *martyrologue philofophique*,
& d'y canonifer *Jean Jaques*, comme un martyre immolé
par le fanatifme.

aller à la dérive fur le lac des heures entières jufque
bien avant dans la nuit : hélas ! il croyait faifir une
ombre de bonheur dans la jouiffance de ce qu'il
appellait le *précieux far niente*.... mais elle n'é-
tait pas plus là pour lui qu'autre part, & où qu'il
allât il pouvait s'appliquer à lui-même ce mot de
fon *Héloïfe : infenfé ! où veux-tu fuïr ! le phantôme eft
dans ton cœur.* O qu'on aime dans cette isle à chercher les veftiges des pas de ce grand homme, plus
à plaindre qu'à blâmer, à fe placer à fes côtés au
déclin du jour fur le fable du rivage & à partager avec lui les fenfations qu'il décrit fi bien dans
le morceau fuivant de *fes Rêveries.* „ Quand le foir
„ approchait je defcendais des cîmes de l'isle,
„ & j'allais volontiers m'affeoir au bord du lac
„ fur la grève, dans quelque afile caché ; là le
„ bruit des vagues & l'agitation de l'eau fixant
„ mes fens, & chaffant de mon ame toute autre
„ agitation, la plongeaient dans une rêverie déli-
„ cieufe, où la nuit me furprenait fouvent fans que
„ je m'en fuffe apperçu : le flux & le reflux de
„ cette eau, fon bruit continu mais renflé par in-
„ tervalles frappant mon oreille & mes yeux, fup-
„ pléaient aux mouvemens internes que la rêve-
„ rie éteignait en moi, & fuffifaient pour me
„ faire fentir avec plaifir mon exiftence : fans
„ prendre la peine de penfer, de tems à autre,
„ naiffait quelque faible & courte réflexion fur
„ l'inftabilité des chofes de ce monde, dont la
„ furface des eaux m'offrait l'image : mais bien-
„ tôt ces impreffions légères s'effaçaient dans
„ l'uniformité du mouvement continu qui me

„ berçait, & qui fans aucun concours actif de
„ mon ame , ne laiffait pas de m'attacher au
„ point qu'appellé par l'heure & le fignal con-
„ venu, je ne pouvais m'arracher de là fans
„ effort....

Au commencement de fon féjour il y refta
ignoré comme il le défirait effectivement : mais
bientôt il y fut affailli d'importuns qu'il évitait,
foit en grimpant de l'appartement du *receveur*
dans le fien par une *trappe*, à laquelle il par-
venait à l'aide d'un grand poële devenu fon
efcalier dérobé, foit en fe retirant dans quelque coin de l'isle bien fourré de buiffons. Un
jour qu'il fe promenait à l'écart, un inconnu
l'aborde en difant : *Mr. Jean Jaques Rouffeau,*
je vous falue .... Mr. lui répond- il , *fi*
je favais vos noms de baptême & de famille
auffi bien que vous favez les miens , je pourrais
vous en dire autant, & il continua fa promenade : une autre fois un noble campagnard du voifinage lui crie d'auffi loin qu'il l'apperçoit : *Mr.*
j'ai l'honneur d'être votre très - humble & très-
obéiffant ferviteur.... & *Rouffeau* qui n'aimait point
cette fin de lettre pour prélude d'une converfation, lui crie fur le même ton ; *& moi, Mr. je ne*
fuis pas le vôtre, & il s'enfonce dans le bois. Un
homme d'efprit qui connaiffait la trempe de fon
caractère & qui fouhaitait paffionnément de fe
lier avec lui, vint fouvent dans l'isle , affecta
de l'éviter quand il le rencontrait , & parut ne
point fe foucier de fon approche. Piqué de cette
indifférence, *Rouffeau* le cherche , l'aborde , fait

toutes les avances, & dès lors ils fe font vus très-fouvent. Il difait fréquemment au receveur qui lui propofait de fe montrer à des étrangers venus exprès pour lui faire vifite : *je ne fuis pas ici dans une menagerie.* Sa mifantropie eft affez bien rendue dans une épigramme que j'ai trouvée écrite je ne fais plus fur quel mur de l'isle.

Un foir au clair de lune errant fur ce rivage,
J'y trouvai de Rouffeau l'ombre morne & fauvage :
„ Que veux-tu, me dit-il, en détournant les yeux ?
„ — Ainfi que vous, grand homme ! admirer ces beaux
  lieux.
„ — Tu fais bien : tout eft bon, grand, beau dans la
  nature . . . .
     Hors l'homme qui la défigure.

Mais bientôt la prudence ou la politique *Bernoife* craignit de garder plus longtems dans fes terres l'auteur du *Contract focial*, des *Lettres de la Montagne* & de la plus grande partie des troubles de *Geneve*; elle lui fit fignifier poliment de fortir de fon territoire, plutôt par raifon d'Etat que par dureté : alors il fut au défefpoir d'être forcé de s'arracher à cette retraite dans laquelle il avait réfolu de finir fes jours; il conjura dans une lettre maintenant imprimée, un *Bernois* de fes amis, d'obtenir pour lui de la république comme une grace, d'être enfermé le refte de fa vie dans quelque château du canton, & déclara que dans cette prifon perpétuelle il fe foumet-
                                                    trait

trait à n'avoir *ni plume, ni papier, ni communication au dehors*, & qu'il y ferait content pourvu
qu'on lui laiffât *quelques livres & la liberté de fe
promener quelquefois dans un jardin*. Mais on re-
garda cette demande comme une nouvelle incon-
féquence d'un homme aigri par le malheur, &
l'on fe borna à le faire quitter l'isle & le canton.
L'année après fon départ, un mendiant d'efprit
s'avifa un jour qu'une nombreufe compagnie
dinait dans la chambre qu'il avait occupée, d'y
venir demander l'aumône au nom de *J. Jaques
Rouffeau*, & il eut tout lieu d'être content de
la quête abondante que lui fit faire ce nom fi
fameux (*).

Nous ne quitterons point l'isle, fans tranfcrire
ici la charmante defcription que *Rouffeau* en
trace lui-même; tout voyageur fera bien aife de
pouvoir la lire fur les lieux & de la comparer à
la nature : nous aurions fans doute mieux fait
de renvoyer à ce qu'il dit de ce charmant féjour, fans en rien dire de notre chef, mais
ce fera l'ombre qui fera reffortir le tableau du
philofophe Genevois ; le voici donc ce tableau de
main de maître, tel qu'on le trouve dans la
fixième promenade du morceau intitulé *les rêve-*

(*) Ce trait eft le pendant de celui d'un *Français* qui fe
mit à mendier fur le *pont neuf* au nom d'*Henri IV*, &
qui aurait fait fa fortune, fi la police ne lui eut fait défendre de ce fervir de ce nom fi cher à la nation.

Q

ries du promeneur solitaire, imprimées à la suite
de ses *Confessions*.

　„ De toutes les habitations où j'ai demeuré,
„ (& j'en ai eu de charmantes) aucune ne m'a
„ rendu si véritablement heureux , & ne m'a
„ laissé de si tendres regrets que l'isle de St.
„ Pierre au milieu du lac de Bienne. Cette petite
„ isle qu'on appelle à Neuchâtel, *l'isle de la*
„ *Motte*, est bien peu connue même en Suisse.
„ Cependant, elle est très-agréable & singulière-
„ ment située pour le bonheur d'un homme qui
„ aime à se circonscrire; car quoique je sois
„ peut-être le seul au monde à qui sa destinée
„ en ait fait une loi, je ne puis croire être le
„ seul qui ait un goût si naturel, quoique je
„ ne l'aie trouvé jusqu'ici chez nul autre.

　„ Les rives du lac de Bienne sont plus sau-
„ vages & plus romantiques que celles du lac
„ de Genève, parce que les rochers & les bois
„ y bordent l'eau de plus près; mais elles ne
„ sont pas moins riantes : il y a moins de cul-
„ ture de champs & de vignes, moins de villes
„ & de maisons; il y a aussi plus de verdure
„ naturelle, plus de prairies, d'asyles ombragés
„ de bocages; des contrastes plus fréquents &
„ des accidens plus rapprochés. Comme il n'y a
„ pas sur ces heureux bords de grandes routes
„ commodes pour les voitures, le pays est peu
„ fréquenté par les voyageurs ; mais il est inté-
„ ressant pour des contemplatifs solitaires qui
„ aiment à s'énivrer des charmes de la nature,

» & à fe recueillir dans un filence que ne trou-
» ble aucun bruit, que le cri des aigles, le ra-
» mage entrecoupé de quelques oifeaux; & le
» roulement des torrens qui tombent de la
» montagne. Ce beau baffin d'une forme pref-
» que ronde renferme dans fon milieu deux
» petites isles, l'une habitée & cultivée d'en-
» viron demi-lieue de tour; l'autre plus
» petite, déferte & en friche, & qui fera dé-
» truite à la fin par les tranfports de la terre
» qu'on en ôte fans ceffe pour réparer les dégats
» que les vagues & les orages font à la grande.
» C'eft ainfi que la fubftance du faible eft tou-
» jours employée au profit du puiffant.
» Il n'y a dans l'isle qu'une feule maifon,
» mais grande, agréable & commode, qui appar-
» tient à l'hôpital de Berne ainfi que l'isle, &
» où loge le receveur avec fa famille & fes
» domeftiques. Il y entretient une nombreufe
» baffe-cour, une volière & des réfervoirs pour le
» poiffon : l'isle dans fa petiteffe eft tellement
» variée dans fes terreins & dans fes afpects,
» qu'elle offre toutes fortes de fites, & fouffre
» toutes fortes de culture : on y trouve des
» champs, des vignes, des bois, des vergers,
» des gras pâturages ombragés de bofquets, &
» bordés d'arbriffeaux de toute efpèce, dont le
» bord des eaux entretient la fraîcheur; une
» haute terraffe plantée de deux rangs d'arbres
» borde l'isle dans toute fa longueur, & dans
» le milieu de cette terraffe on a bâti un joli

Q 2

» fallon où les habitans des rives voifines fe raf-
» femblent & viennent danfer les dimanches
» durant les vendanges. Une de mes navigations
» les plus fréquentes était d'aller de la grande
» à la petite isle, d'y débarquer & d'y paffer
» l'après-dinée, tantôt à des promenades très-
» circonfcrites au milieu des marceaux, des
» bourdaines, des perficaires, & des arbriffeaux
» de toute efpèce; & tantôt m'établiffant au
» fommet d'un terrre fablonneux, couvert de
» gazon, de ferpolet, de fleurs, même d'efpar-
» cettes & de treffles qu'on y avait vraifembla-
» blement femé autrefois . . . . .

    » Quand le lac agité ne me permettait pas la
» navigation ; je paffais mon après midi à par-
» courir l'isle . . . . m'affeyant tantôt dans les
» réduits les plus rians & les plus folitaires pour
» y rèver à mon aife, tantôt fur les terraffes &
» les tertres pour parcourir des yeux le fuperbe
» & raviffant coup-d'œil du lac & de fes riva-
» ges; couronnés d'un côté par des montagnes
» prochaines, & de l'autre élargis en riches &
» fertiles plaines dans lefquelles la vue s'éten-
» dait jufqu'aux montagnes bleuâtres plus éloi-
» gnées qui la bornaient. En fortant d'une lon-
» gue & douce rèverie, me voyant entouré de
» verdure, de fleurs, d'oifeaux & laiffant errer
» mes yeux au loin fur les romanefques rivages
» qui bordaient une vafte étendue d'une eau
» claire & criftalline, j'affimilais à mes fictions
» tous ces aimables objets; & me trouvant enfin

    ,, ramené par degrés à moi-même, & à tout ce.
,, qui m'entourait, je ne pouvais marquer le
,, point de féparation des fictions aux réalités,
,, tant tout concourait également à me rendre
,, chère la vie recueillie & folitaire que je me-
,, nais dans ce beau féjour. Que ne peut-elle
,, renaître encore ! Que ne puis-je aller finir
,, mes jours dans cette isle chérie, fans en ref-
,, fortir jamais, ni jamais y revoir aucun habi-
,, tant du continent qui me rappellat le fouve-
,, nir des calamités de toute efpèce qu'ils fe plai-
,, fent à raffembler fur moi depuis tant d'an-
,, nées !

    Notre courfe ne s'étendra pas plus loin, &
nous ne pouvons faire un plus grand plaifir à
nos lecteurs que de les laiffer au milieu des fouvenirs de *Jean Jaques Rouffeau* dans l'isle qu'il
a habitée. C'eft un *Suiffe*, & il n'eft pas néceffaire de le dire, on le voit à chaque page, mais
un *Suiffe* qui fait gloire de l'être, un ami de la
commune & bonne mère-patrie & non un ferviteur partial & aux gages de quelqu'un des Etats
confédérés, qui a écrit ces lettres ; il les a écrites
pour fes compatriotes & non pour les étrangers.(*) ; il y a mis toute l'exactitude & l'impar-

---

(*) M. *Coxe* qui a donné fans contredit l'ouvrage le
moins fautif fur la *Suiffe*, difait à l'auteur de ces *lettres*,
à qui il demandait quelques corrections : *je n'écris pas
pour les nationaux*, *mais pour les étrangers* ; il lui a
même avoué qu'il avait décrit des lieux où il n'avait jamais été. Le Public eft averti que nous fommes menacés

tialité qui lui a été poſſible ; il a donné plus de
tems à recueillir fur les lieux & à vérifier les
matériaux néceſſaires à la deſcription, de cette
petite partie de nos *comtrées occidentales*, que
ces étrangers qui font en toute langue des
voyages en deux ou trois volumes fur tout le
corps Helvétique, n'en mettent à le parcourir en
entier. Il fait qu'il ne plaira pas à tout le monde ,
parce qu'il a dit la vérité ou que du moins il a cru
la dire ; parce qu'il a prêché la tolérance, l'égalité, la néceſſité de préférer l'agriculture aux
fabriques ; parce qu'il a foutenu qu'il fallait s'inftruire pour gouverner , reſpecter comme une
choſe facrée les droits du plus faible, & apprécier la nobleſſe au tarif de fes vertus perſon-
nelles & non d'après les vertus de fes pères ;
fur tout parce qu'il a traité de pluſieurs points
qui mettent les intérèts particuliers en conflict
avec le bien public. . . . Mais s'il obtient le fuffrage des bons citoyens, des vrais amis de la
nation, de ces *Suiſſes de vieille roche*, qui ont

---

d'un nouveau voyage ; il en a même paru une première
édition ; la feconde eſt fous preſſe avec des changémens ,
& l'auteur parcourt maintenant nos grands chemins ,
pour faire la troiſième revue & corrigée : on ne peut trop
réclamer contre de telles *invaſions littéraires* qui livrent
la *Suiſſe* aux étrangers, ou plutôt à l'ignorance & à la
prévention : ne ſerait-ce point peut-être qu'en aſſerviſ-
fant fa nature, fes loix & fa conſtitution aux déciſions
du premier venu, à qui il prend fantaiſie de la décrire en
allemand ou en *français*, on veuille ainſi fe venger de
fon indépendance politique !

encore l'honneur *Helvétique* à cœur , il fera fatisfait , & ne s'inquièrera guères s'il a réuffi à prouver à fes lecteurs pour la partie qu'il a décrite , la vérité de ce mot : EN VOYAGEANT EN SUISSE , LE PEINTRE TROUVE À CHAQUE PAS UN TABLEAU, LE POETE UNE IMAGE, ET LE PHILOSOPHE UNE RÉFLECTION.

F I N.

Q 4

LA Suisse entière n'est pour ainsi dire qu'une grande ville, dont les rues larges & longues.... sont semées de forèts, coupées de montagnes, & dont les maisons éparses & isolées ne communiquent entr'elles que par des jardins Anglais.

Rêveries de J. J. Rousseau, septième promenade.

TABLE
DES LETTRES
& des principaux objets dont elles traitent.

ces belles fcènes. — Hameau de Roche. — Nouveau deffilé. — Pont de Pennes. — Réclame de St. Germain , — Vallon de Moutiers. — Son couvent devenu chapitre. — Hiftoire de ce pays dans le moyen âge. — Origine de fa combourgeoifie avec Berne. — Démêlés à l'occafion de la réformation. — Etat eccléfiaftique actuel. — Bannière. — Taxes annuelles. — Anecdote fur la preftation du ferment de fidélité refufée à l'Evèque. — Charge de bandelier & manière de l'élire. — Serment du bandelier & du peuple à la bannière. — Anciennes coutumes. — Reftes des droits féodaux. — Plaids généraux & juftices inférieures. — Caractère & bonheur de ce petit peuple.

Patois de la Prévôté. — Agriculture. — Danger de l'établiffement des fabriques. — Bâtimens. — Anabaptiftes , leur caractère & leur cantique du matin. — Tolérance & rapprochement des deux communions. — Roches de Court. — Hiftoire & infcription de la grande route. — Tempète. — Grotte. — Senfations qu'on éprou-

tion d'un nonce. — Notice des malheurs que la partie Germánique de l'Evêché a effuiés pendant la guerre de trente ans.

LETTRE VI. Page 193 — 228.

Entrée dans l'Erguel ou pays de St. Imier. Son hiftoire dans le moien âge. — Son hiftoire naturelle. — Régime politique des habitans. — Bannière. — Différens à fon fujet entre Bienne & l'Evêque. — Serment. — Hiftoire de fa réformation. — Traité de 1610. — Privilèges du clergé. — Différence frappante entre les fujets d'un même prince. — Nobles de Péri. — Bains de la Reuchenette. — Mairie d'Orvin. — Chemin des Chaúdières. — Cafcade & ruines de Rondchâtel. — Découverte de la plaine au revers du Jura.

Beauté de ce payfage. — Bienne. — Son hiftoire dans le moyen âge. — Origine des droits de l'Evêché fur cette ville. — Sac de Bienne par fon Evêque. — Son regime actuel pour le civil le militaire & l'Eccléfiaftique.

Fin de la Table.

AVIS.

Les deffeins de la plupart des vues pittoref-
ques dont parlent *ces lettres*, fe trouvent à *Bienne* chez M. Hartman, & à *Arlesheim* chez M.
Stuntz : ce dernier fait aufli des garnitures de
boutons fort ingénieufes. — Les uns repréfentent en miniature les plus jolis points de vue du
jardin Anglais que cet artifte habite ; les autres
les coftumes les plus intéreffans des payfannes
Suiffes.

INDICATION.

Des distances & des meilleures auberges de la route depuis Bâle.

Endroits.	Auberges.	Distance.
(*) Arlesheim	Cheval blanc	1 lieue,
Lauffon	Soleil	3
Delémont	Tour rouge	3 ½
Moutiers	Cheval blanc	2
Malleray	Lion d'or	3
Sonceboz	Croffe de Bâle	2 ½
Bienne	Couronne	3

De Bâle à Bienne 18 lieues.

(*) En paffant par *Arlesheim* pour en voir les jardins, plutôt que par *Reinach*, les voyageurs font avertis que le détour n'eft que d'une demi lieue tout au plus ; que les chemins font tout auffi bons ; & que de là on peu continuer fa route pour *Bienne* fans être obligé de revenir à Bâle.

Deux fois par femaine, le mercredi & le famedi une diligence conduit les voyageurs de *Bâle* à *Bienne* d'un feul jour, pour le prix modique de liv. 12 de France. On s'adreffe à *Bâle* à la *Cigogne* où on eft très-bien.

CPSIA information can be obtained
at www.ICGtesting.com
Printed in the USA
BVHW07s1116110618
518747BV00023B/1363/P